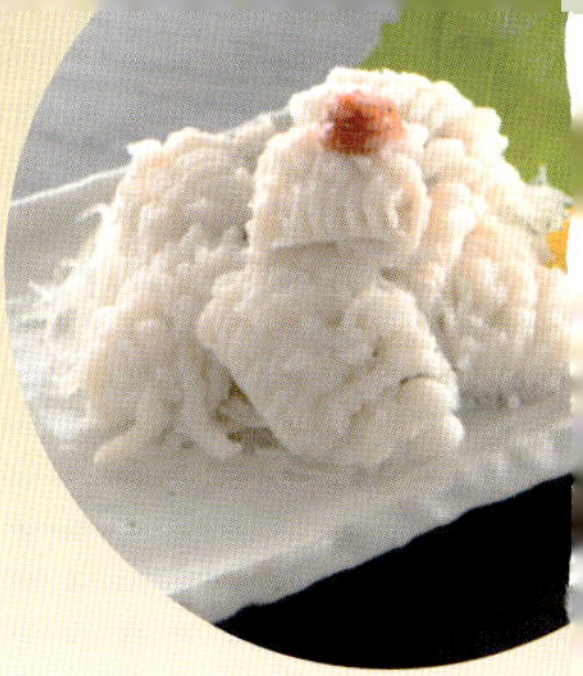

再発見 京の魚

―おいしさの秘密

京の魚の研究会 著

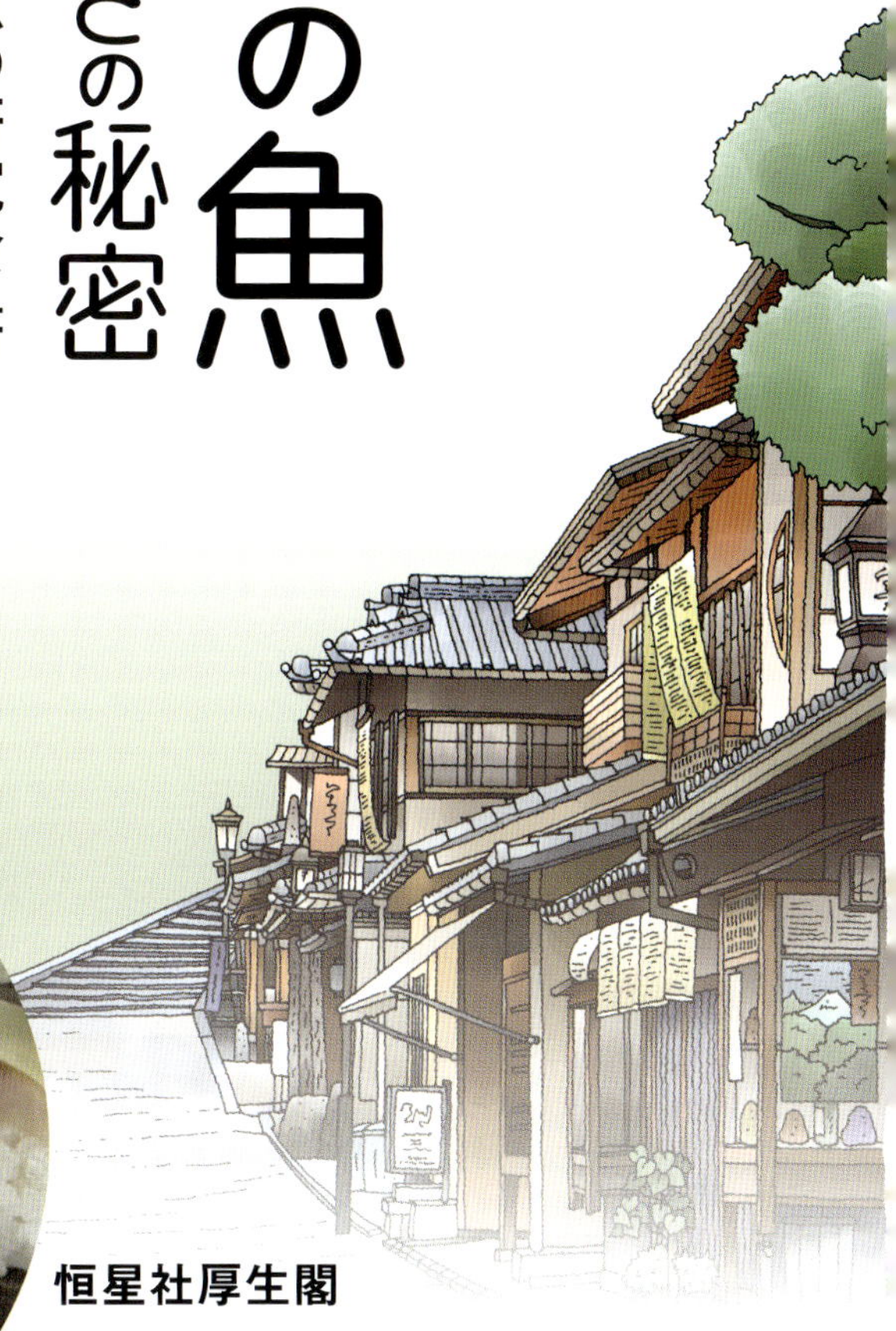

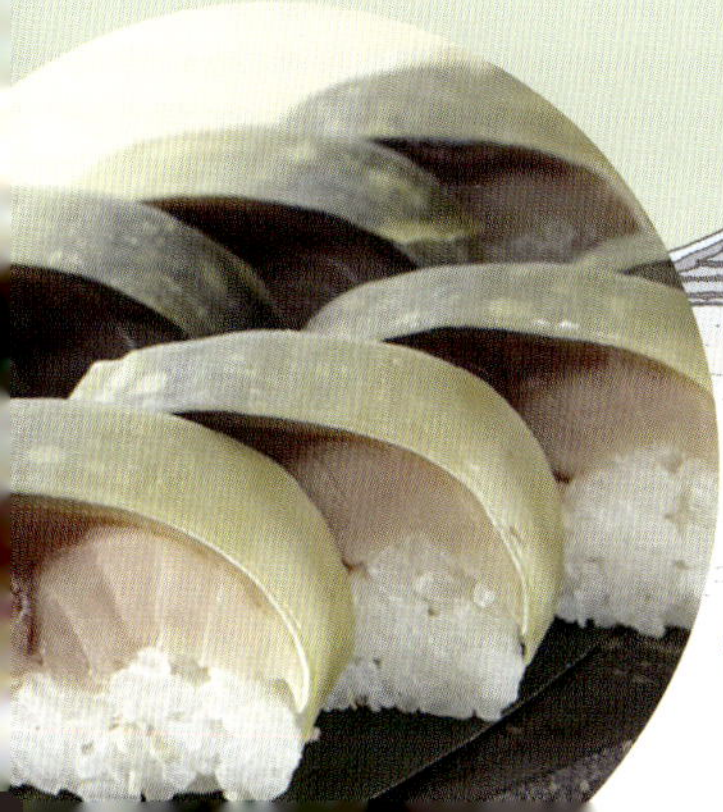

恒星社厚生閣

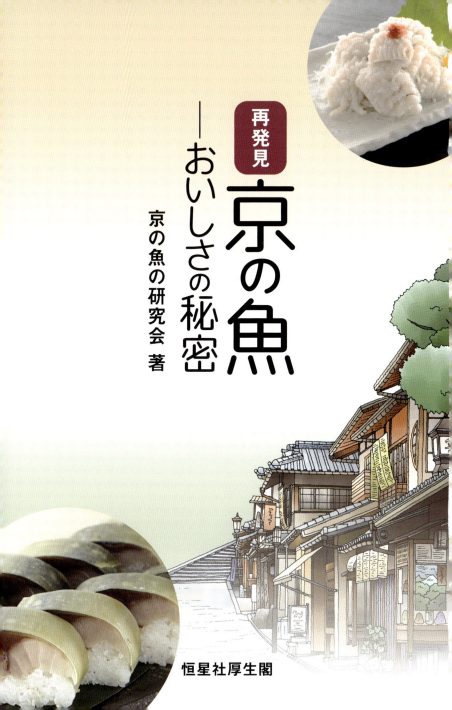

京と若狭を結んだ鯖街道と名物

【口絵写真1・1】
鯖街道終点の京都出町柳
にたつ石碑

【口絵写真2・1】
サバずし（鯖姿寿司
いづう）

【口絵写真2・2】
サバへしこ

若狭の魚

【口絵写真３・１】アカアマダイ（若狭ぐじ）

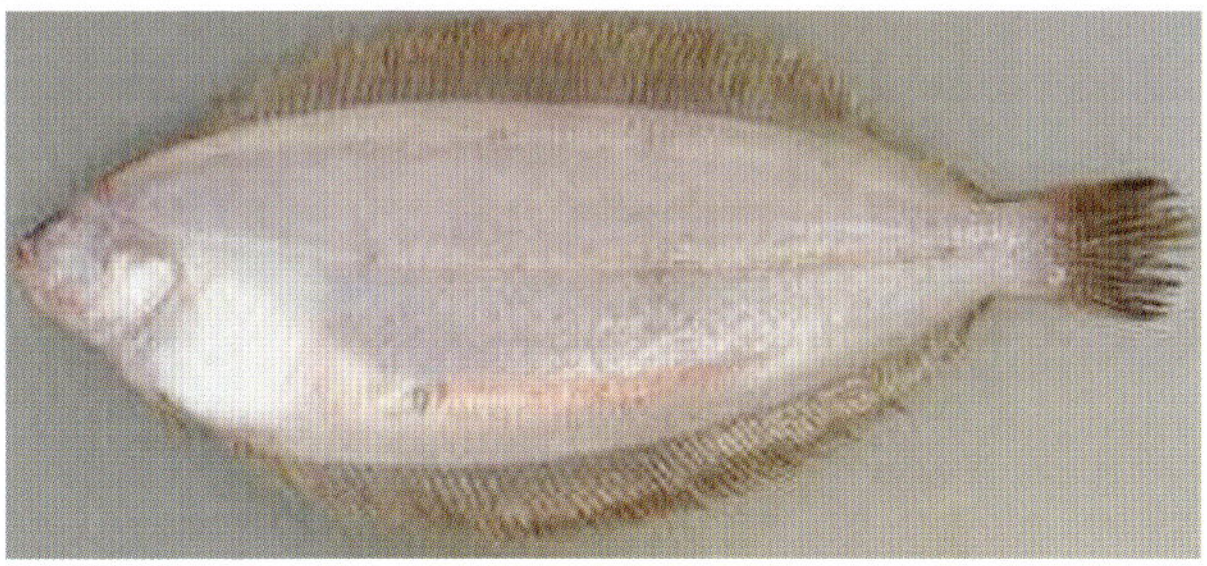

【口絵写真３・２】
ヤナギムシガレイ（若狭ガレイ）――一夜干し品
上図：有眼側、下図：無眼側

川魚の料理と道具

【口絵写真7・1】
コイの洗い

【口絵写真8・1】
ウナギの蒲焼

【口絵写真8・2】
京都型ウナギ割き包丁。ウナギを調理する手順の違いから地方により独特の形がある。（錦市場 有次）

工夫を凝らした魚料理と素材

【口絵写真4・1】
ハモの切りおとし（梅肉添え）

【口絵写真5・1】
ブリ照り焼き

【口絵写真6・1】
クジラ肉は京で好まれた
——ミンククジラの赤肉

【口絵写真９・１】
スッポン鍋（第111回京料理展示大会出展品　すっぽん料理大市）

【口絵写真10・１】
しんじょう

【口絵写真11・１】
ニシン漬け

【口絵写真12・1】
市販されている
ちりめん山椒の
一例

【口絵写真13・1】
芋棒（棒ダラと海老芋の煮合わせ）

【口絵写真16・1】
（上）蒸し物（蒸し飯とイクラ）（下）煮物（タイ、かぶら、キクナおよびユズ）

【口絵写真 16・2】
ちらしずし(ハモ、エビ、干ししいたけ、かんぴょう、三つ葉、木の芽、江戸生姜など)

コンブとカツオ節

【口絵写真 14・1】千枚漬け

【口絵写真 15・1】カツオ節中の血合肉ー黒褐色の部分。これが一定量存在すると「こく」の強い「だし」を調製できる

京の魚の世界へようこそ —序にかえて—

本書のタイトル「再発見　京の魚―おいしさの秘密」と目次に並ぶ魚の名前を見比べて、「京の魚」って一体何？　なぜこれらの魚が「京の魚」なのか？　と首を傾ける向きもあるかも知れません。本書でとり上げた魚のうち、京（ミヤコであった京都。現在の京都市の中心部分と、ほぼ重なる）で獲れたのは川魚（**7章**に詳述）、ウナギ（**8章**に詳述）、スッポン（**9章**に詳述）だけで、その他の魚は京から遥かに遠い他所で獲れたものです。他所で獲れた魚ですが、それらをおいしく食べるために、京の人達が工夫と努力を重ねてきた歴史があり、その工夫と努力が京料理の発展や進化を促してきました。このような経緯から、他所で獲れたにもかかわらず、「京の魚」のラインアップに入れることにしました。特に、ニシン、棒ダラ、コンブ（それぞれ**11章**、**13章**、**14章**に詳述）など、北前船で運ばれてきた北海道の産物の京の食文化への貢献は、きわめて大きかったと思います。

物資の流通手段が現代のように発達する以前、例えば江戸時代を想定してみると、もちろん、自動車や冷蔵庫はなかったし、物資の運搬は天秤棒で担ぐか、大八車に載せて運ぶのが普通でした。魚介類のように腐りやすい物資が生鮮品として流通するのは、水揚げ地に近い地域に限られました。恐らく、数里～一〇里以内（人が一日で往復できる程度の距離）であったと考えられます。その距離を越えて長距離輸送するには、干物や塩漬けのように日持ちする形に加工しなければなりません。つまり、本書でとり上げた京の魚の多くは、干物か塩漬けの状態で京へ届いたということです。カチカチに乾いていたり、塩が析出するほど塩辛い食材は、料理の方法も限られてしまいます。日本人は魚を生で食べるのが好きで、魚が手に入ると、まず刺身で食べようとしますが、往時の京では、海産魚を刺身で食べるのは簡単なことではありませんでした。

京は、三方を山で囲まれた内陸部の盆地です。京から最も近い海は大阪湾で、約一〇里離れています。次いで約一八里離れた若狭湾（**1章**参照）、そして、京都府下唯一の海である「丹後の海」が、ここに隣接しています。

曲亭（滝沢）馬琴は、江戸時代末期の上方旅行記（『羇旅漫録』、一八〇二年）の中で、京の魚をけなして、「大阪より来る魚類、夏はおおく腐敗す」と書いています。

特に魚介類の腐りやすい夏季には、上記の馬琴の文章のようなことになりがちですから、京は、海産魚を鮮魚の状態で手に入れることの難しい土地でした。

海産魚の上記のような原料事情とは逆に、京は淡水魚には恵まれていました（**7章**に詳述）。丹波高地の水を集めて京の西郊外を南下する桂川（上流は保津川）、京を南北に流れる鴨川、琵琶湖からの水を集めて京の東郊外を流れる宇治川、伊賀・山城山地の水を集めた木津川の四河川は、京の南郊外で合流し、淀川となって、大阪湾に注ぎます。これらの河川と、昭和初期までこの合流点辺りにあった周囲一六キロメートルの巨椋池《おぐらいけ》（昭和初期に干拓によって消滅）は各種淡水魚と貝類の宝庫でした。さらに、京から東へ山一つ越えると、日本一の琵琶湖がありますので、淡水の魚介類には不自由しませんでした。京では、海産の鮮魚の乏しさを、これらの活魚で手に入る淡水魚で補ってきたのです。

日本人の食事は、長い間、米飯を主食とし、魚介類と野菜類を副菜としてきました。京でも、この食事構成は同じです。そして、副菜の一方を占める魚介類の京での原料事情は、明治に入る頃まで、概ね前述のとおりでした。

もう一方の副菜である野菜類は、全国的に知られている高品質の野菜が、京には揃っています。京はミヤコであることから、全国各地の種子や苗が集まってきます。そのうち、京都盆地の自然環境や清流に支えられた肥沃な土壌に適合したものは生き残ります。さらに、その中から京都人の好みに合ったものの選別と栽培を繰り返して、京都人好みの品種が創り出されます。明治以前に、こうして、京都人好みの野菜の京都株が、何十種類も創られ、そのうち、今日まで継続して植え継がれてきたものを、京都府は京の伝統野菜として、四一種類選定しています（現存するもの三六種）。種類が多いので、その特徴を一言で表現することはできませんが、大まかには、大きくて見かけが立派、軟らかい、あくが強くない、等々を挙げることができます。根菜類は、煮たとき、軟らかくなりやすい上に、煮崩れし難いものが選定されています。

料理にどれほどの種類があるかを調べるのは容易なことではありませんが、幸い、「聞き書京都の食事」（畑明美編、農山漁村文化協会、一九八五年）の京都近郊の「季節素材の利用法」の項に、大正末期〜昭和初期の代表的な家庭料理が四〇種類あまり記載されています。その中で最も目立つのは魚介類と野菜類との組み合わせ料理です。葉物野菜と魚介類との組み合わせでは、京菜とクジラの鍋など、根菜と魚介類の組み合わせでは、芋棒（海老芋と棒ダラ）など、実もの野菜と魚介類の組み合わせでは、ナスとニシンの煮物やちりめん山椒等々、枚挙に暇もないほどです。これらは出合いものと称して、食材の組み合わせの妙によって、新鮮な海産魚の乏しい点を補うのに役立ってきました。京都人は長い歴史の過程で、京野菜を創りだし、乏しい魚介類との相性のよい組み合わせを見付け、淡水魚を上手く使って、大阪のように食い倒れに傾くことなく、馬琴に吝嗇と揶揄されても、それなりに心豊かに暮らしてきたのです。

日本人は米飯も副菜も、濃厚な味付けを避けて、素材の持ち味を活かすような味付けを特徴としてきました。もちろん、京料理も例外ではありません。京料理の発展の歴史や、そこにおいて魚が果たす役割については**16章**で論じますので、ここでは触れませんが、京の海産魚の原料事情の厳しさは、厳しいだけでなく、海産魚に対する大きい憧れをも生み出したといわれています。この憧れは、もったいない精神と結びついて、無駄を省いた丁寧な食材処理の習慣化を促したり、よりおいしく、より美しく、調理するために、日常的に創意・工夫を積み重ねる習慣を身に付けさせることによって、京料理の進化・発展の推進力になったようです。例えば、ハモは水から揚げても、しばらく活きているので、夏場の京で、唯一手に入る生鮮海産魚ですが、小骨のあるのが難点です。唯一利用可能な鮮魚として貴重なだけに、何とか小骨が邪魔にならないようにして、ハモを食べたいとの思いが強かったからこそ、京で、骨切りというユニークな方法を思いつくことができたのでしょう（**4章**参照）。

本書の目的は、日本料理における魚介類のおいしさ、特に、不利な原料事情にも関わらず、その条件を克服して創り出された京料理の魚のおいしさの秘密を、主として、魚肉の性質、特に加工特性の面から解き明かすことにあります。

前述の京の出合いものは、魚介類の原料事情の悪い中でも、食材の組み合わせが適切であればおいしく食べられることを示しています。京の魚のおいしさの秘密の中には、原料事情の悪い中で輝きを増す智恵も隠されているのではないでしょうか。

本文の中で例示されるいくつかの料理は、古くから知られているものばかりですが、歴史を重ねてきた料理にこそいろいろなヒントが詰まっているのではないでしょうか。

遠藤金次

執筆者紹介

赤羽義章
1章、2章、3章
1937年生
福井県立大学名誉教授

石村哲代
14章、15章
1942年生
四條畷学園短期大学名誉教授

遠藤金次
序にかえて、4章、5章、13章、14章、15章
1931年生
奈良女子大学名誉教授

奥田玲子
14章、15章
1960年生
四條畷学園短期大学准教授

坂口守彦
1章、2章、6章、9章、11章、おわりに
1938年生
京都大学名誉教授

塩田二三子
11章、12章
1963年生
京都華頂大学准教授

仲田雅博
16章
1952年生
学校法人大和学園理事、京都調理師専門学校校長

平田　孝
11章
1948年生
四條畷学園大学副学長

牧之段保夫
7章、8章、10章
1935年生
元 近畿大学教授

目次

5章 ブリ……48

6章 クジラ……62

7章 京・近江の川魚……72

1章　若狭湾と京都

赤羽義章・坂口守彦

すでに律令時代には、若狭から大和朝廷に豊かな水産物が調《みつぎ》として貢納され、京《みやこ》から若狭には文物や情報がもたらされていました。この時代の調に付けられていた木簡が飛鳥、奈良などで発掘され、いろいろな水産物が京に送られていたことがわかります。鮮魚は腐敗しやすいため、干物、塩漬けあるいは発酵させた「なれずし」として京へと運ばれました。岡津《おこづ》や美浜の塩など、当時の貴重品であった塩の製塩跡や塩田跡が各地で発掘されています。古事記には応神天皇の御製と伝えられる角鹿《つぬが》（敦賀）の蟹の歌があり、日本書紀には武烈天皇の角鹿の塩をめぐる伝承があることからも、この地方が古くより水産物を介して朝廷と関係が深かったことがうかがえます。小浜近郊には国府と国分寺が置かれ、若狭の国造《くにのみやつこ》は膳臣《かしわでのおみ》であり、この地域は朝廷に対する御食国《みけつくに》として栄えました。

1　水産物が結んだ若狭と京都

七九四年の平安遷都によって若狭は距離的に京都に近くなり、送られる水産物も多種多様になりました。これらの物については延喜式などにも記載があります。大きな変化として酒造りと酢造りが盛んになり、膾《なます》などに酢の利用が行われるようになったことです。乳酸発酵によるなれずしやかんきつ類など果実酢のほかに、酢酸発酵による食酢が調味料兼保存料として現れました。若狭の気山《きやま》や小浜に津《つ》（ふなつき場）が開けた平安中期から、ここに陸揚げされた荷物や水産物は陸路で熊川を経て近江今津付近に運ばれ、陸路あるいは船で南下し京都に運ばれました。鎌倉時代から室町時代そして安土桃山時代には若狭の漁業は若狭湾内に大きく広がり、数多くの水産物が京都にもたらされ食文化の発展に寄与しました。

2　水産物の多様化と鯖街道の発達

江戸時代になると京都への物流の道も次第に整備され、小浜から北川を遡上し熊川を経て保坂《ほうさか》で右切して、朽木《くつき》、大原から京都に入る朽木街道（若狭街道）、小浜から熊川を経て保坂を直進して近江今津に至り、そこから陸路（西近江路）あるいは船で阪本や大津を経て京都に入る道、小浜から神宮寺《じぐうじ》を通り針畑を越え、花背、鞍馬を経て京都に至る鞍馬街道（小浜街道）、小浜から名田庄《なたしょう》、弓削《ゆげ》、周山を経て京都に入る長坂街道（周山街道）の四ルートと途中でこれらのルートを結ぶ道は、近年総称して「さば街道（鯖街道）」あるいは「さばの道」と呼ばれています（**図1**）。小浜のいづみ町を起点に出発する鯖街道の終点である京都の出町柳には、「鯖街道口」の碑が建てられています（**口絵写真1・1**）。

江戸時代には多くの種類の網漁のほか、底延縄漁《はえなわりょう》など多様な漁法が盛んになりました。漁場も若狭湾内から外洋へと広がり、能登半島の沖合にまでサバ漁に出ることもありました。稚狭考《わかさこう》には、サバ、タイ、キダイ、グジ、カレイ、タラ、アンコウ、フグ、クジラ、キス、イワシ、サケ、マス、イサザ、ウナギ、アユ、タコ、イカ、ワカメ、モズクなど数多くの水産物が挙げられ、これらの水産加工技術も発達しました。若狭に水揚げされた新鮮な魚介類は「若狭もの」として京都をはじめ近江、丹後などにも広がりをみせました。

明治・大正時代には動力船や巾着網《きんちゃくあみ》などの漁法の導入により、サバやイワシの漁獲量が増加し、大正時代の後期には機船底引網による漁獲が盛んになりました。しかし、国鉄小浜線が開通したのは大正時代後期ですので、魚を新鮮な状態で京都に届けることは困難でした。魚介類は京料理を支えるのに大切な素材ですが、多くは干物、塩物、なれずし、へしこ、粕漬け、塩辛、醤《ひしお》のような形でもたらされ、京料理の中ではそれらを上手に利用することが行われていました。しかし、低塩分で生鮮度の高いものが求められますので、活きの落ちやすい生鮮魚は、「京は遠ても十八里」約七〇キロメートルの「さば街道」を、夜を通して若狭から京都に運ばれました。昭和時代から現代、とくに第二次世界大戦以後には鮮魚の輸送網がめざましく発達しました。サバの大豊漁期も終えて若狭の漁獲量自体は減少しましたが、若狭湾沿岸から湾外で漁獲される多種の生鮮水産物は京都では依然高い評価を受けており、「若狭もの」は一種のブランドになっています。

図1　小浜・京都間の街道

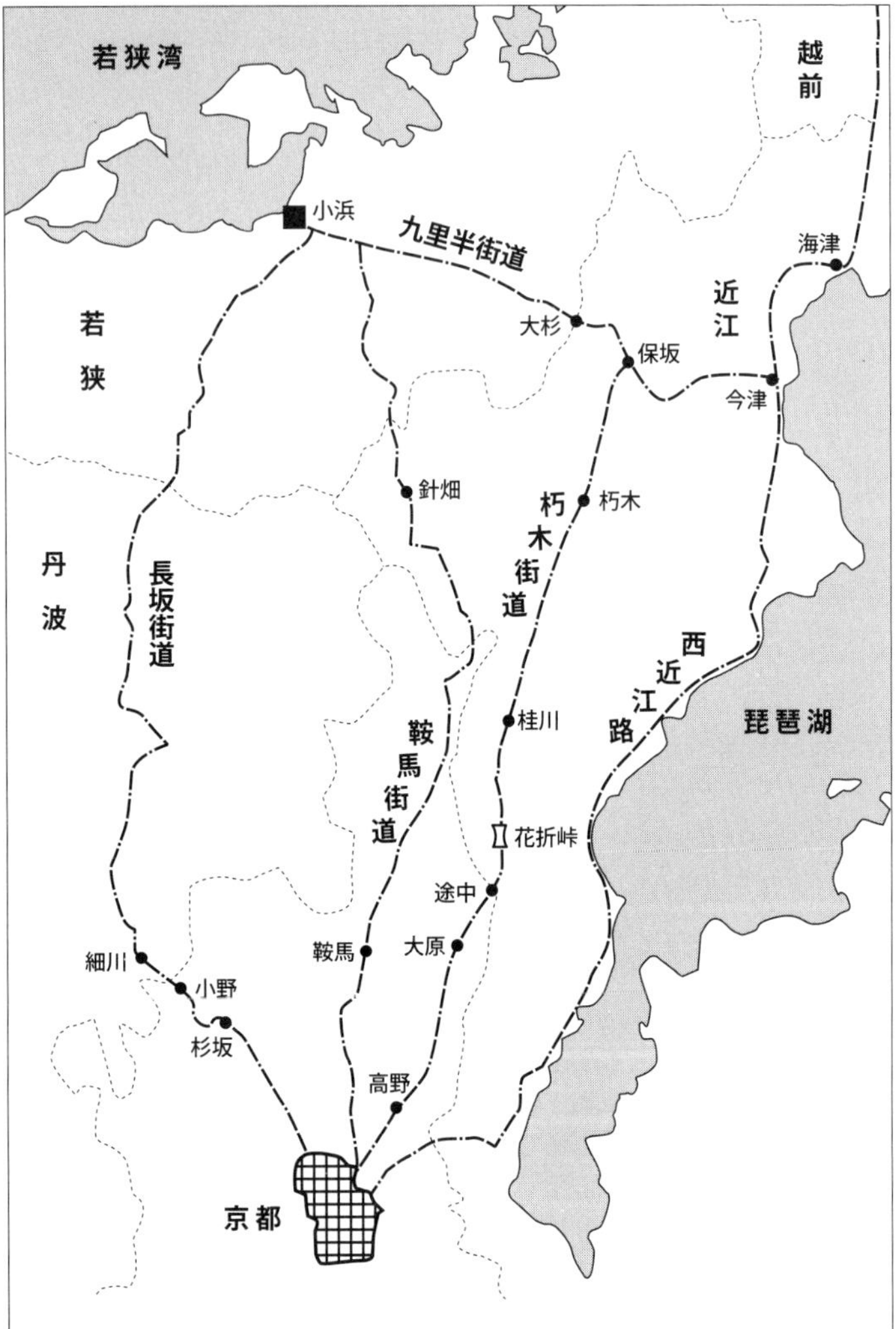

福井県（1994）福井県文書課 HP を基礎に吉中禮二氏修正作成。

参考図書

上方史蹟散策の会編：鯖街道、向陽書房（一九九八）
小浜市史編纂委員会：（小浜市史史料編）稚狭考（津田壱助著・一七六八）、小浜市役所（一九七一）
日本随筆大成刊行会：日本山海名産図絵（塩屋卯兵衛　一七九七）（一九二九）

2章 サバのすしとへしこ

坂口守彦・赤羽義章

サバはむかしから日本近海でよく獲れる魚で、一九七〇年代には一六〇万トンも獲れていましたが、現在では三〇〜六〇万トンほどで、この他におよそ一〇万トンを方々から輸入しています。なかでもよく知られているのはノルウェー近海で漁獲されるもので、一般にノルウェーサバといわれます。このノルウェーサバは脂肪分が多いため、脂っぽいもの好きの現代人に好まれる傾向があります。

サバ（マサバ）は一般に産卵期は春〜初夏で、秋から冬が旬とされています。サイズの大きいものは体長四〇〜四五センチ、体重八〇〇グラム〜一キログラムにも達します。サバは大衆魚の代表格とされるだけに、塩焼き、味噌煮、竜田揚げ、しめサバ、サバずし、缶詰、へしこなどにひろく利用されています。

これらのなかで、「サバずし」と「サバへしこ」は、ともに保存食の一種ではありますが、古くから土地の人びとに親しまれてきただけではなく、いまでは全国的にもよく知られる存在となっています。ここではそのおいしさや健康性機能などについて解説します。

1　サバずし

(一) サバの栄養成分とエキス成分

サバにはタンパク質、脂質、糖質、ビタミン、ミネラルなどの栄養成分だけではなく、健康性機能を増進させる成分が含まれています。脂質は大型のものでは一二パーセントも含まれていて、高度不飽和脂肪酸のエイコサペンタエン酸やドコサヘキサエン酸などが豊富に含まれ、それぞれ心血管系疾患の予防や治療、脳の老化防止・記憶学習能力の向上などさまざまな効能があるといわれています。またミネラルのうち鉄が豊富に含まれていて、貧血の予防などにも効能があることがわかっています。その他に、このような栄養成分だけではなく、エキス成分も豊富でサバ肉においしさをあたえています。エキス成分は遊離アミノ酸、ペプチド、核酸関連物質など、多種類の化学物質からなりたっていて、魚介類の味を決定する要素となっています。エキス成分のなかでも特徴があるのは遊離アミノ酸で、生鮮サバ肉にはヒスチジンがきわめて多いことが知られています（**表1**）。なお、ヒスチジンはブリの肉では「こく」を与えるアミノ酸とみなされています（**5章参照**）。そして肉のうま味は主にグルタミン酸（遊離アミノ酸）とイノシン酸（核酸関連物質）によってつくりだされるのです。

表1　市販生サバ※およびサバへしこの遊離アミノ酸含量 (mg/100g)

	生サバ	サバへしこ				
		A	B	C	D	E
アスパラギン酸	−	151	52	89	141	94
グルタミン酸	15	169	218	118	204	125
セリン	6	64	85	9	74	42
グリシン	12	42	57	31	45	24
ヒスチジン	659	71	7	214	212	139
アルギニン	10	117	30	91	10	121
スレオニン	6	57	87	43	65	40
アラニン	15	114	283	98	137	80
プロリン	3	41	42	11	41	12
チロシン	4	68	67	49	69	56
バリン	4	90	128	66	102	60
メチオニン	2	43	60	36	47	35
イソロイシン	4	173	229	116	180	129
ロイシン	2	82	119	54	92	60
フェニルアラニン	1	79	108	56	94	61
リシン	89	192	245	137	192	143
オルニチン	3	22	130	22	111	8
タウリン	124	44	53	72	67	48
合計	959	1,619	1,999	1,349	1,882	1,277

※マサバ　　− 検出せず
A～E：いずれも福井県小浜市およびその周辺で入手した市販品
伊藤光史・赤羽義章：日水誌，65，878-885（1999）

（二）起　源

わが国には、古くからなれずしという発酵食品があります。なれずしは魚を塩蔵したのちに、米飯に漬けこんで自然発酵させたもので、各地にいろいろなタイプのものをみることができます。なかでも滋賀県のフナずしは、多くのなれずしのなかでもっとも原初的形態を残していて、現在では、これが多くのすしの起源であるとみなされています。フナずしは塩漬けに一年、漬け込みによる発酵期間が一年と長期におよびます。

なれずしには、この他にもサバなれずし、ニシンずしやハタハタずしなど多くの種類があります。どの製品もできあがるまでの期間は長くても数ヵ月ほどで、フナずしほど長くかかりません。こうしたなれずしは、時代が下るとともに漬け込みの期間も短縮されるようになり、そのうちに魚と米飯の組み合わせは生なれ（生成）ずしという中間形態を経て、しだいに現在親しまれているすし（早ずし）の方向へと発展していったようです。つまり突如として早ずしが生まれたのではないということです。江戸時代も後期（一八世紀後半〜一九世紀前半）になると、今日わたくしたちの周囲にみることができる握りずし、姿ずし（サバずしを含む）、ちらしずし、巻きずしなど、さまざまな形態のものがほぼ出そろったとみられています。

(三) 作り方

京の家庭では、買い入れたサバの塩を洗い落としてすし作りにかかります。サバずしはいろいろな作り方があるので、一般的な例を**図1**に示します。成型に際して、巻き簾の上にシート(古くは竹の皮が使われていましたが、酢で湿らせた布巾または市販のラップでもよい)を敷き、その上にサバをのせて形を整えます。つぎに、この上に棒状に成型したすし飯をのせて両者を合体させ、上から酢で湿らせたコンブをかぶせたのち、巻き簾でまきつつ軽く加重します。コンブをまったく使わない作り方やコンブのかわりに板コンブ(白)を使うこともあります。コンブを使うと、コンブからでたうま味物質(主にグルタミン酸)がすしの味を強化するだけではなく、コンブに水分が吸収されてうま味が濃縮される効果があると考えられます。最後の段階の熟成は一二時間から二四時間で、これよりも長時間にわたると風味が低下します。これはサバに含まれる脂質の酸化の影響があらわれるからです。

すし米としては一般にコシヒカリなど、名前がよく知られているコメの品種がすぐれていますが、どちらかといえば、硬めに炊き上げるほうがよいとされています。さらに、すし店では一般に新米は水分が多いので、炊いたときに柔らかく粘りが強いため、水分調整の意味で少なくとも半年を経過した古米をブレンドして使っています。その方が食感などの点で、すぐれたすし飯ができるのです。

合わせ酢を作るために一般には食酢、砂糖、食塩および化学調味料を混合します。砂糖や化学調味料をまったく使わず、カツオ節やコンブなどを食酢と食塩の混合液に浸漬して「だし」をとってから、合

図1　サバずしの作り方

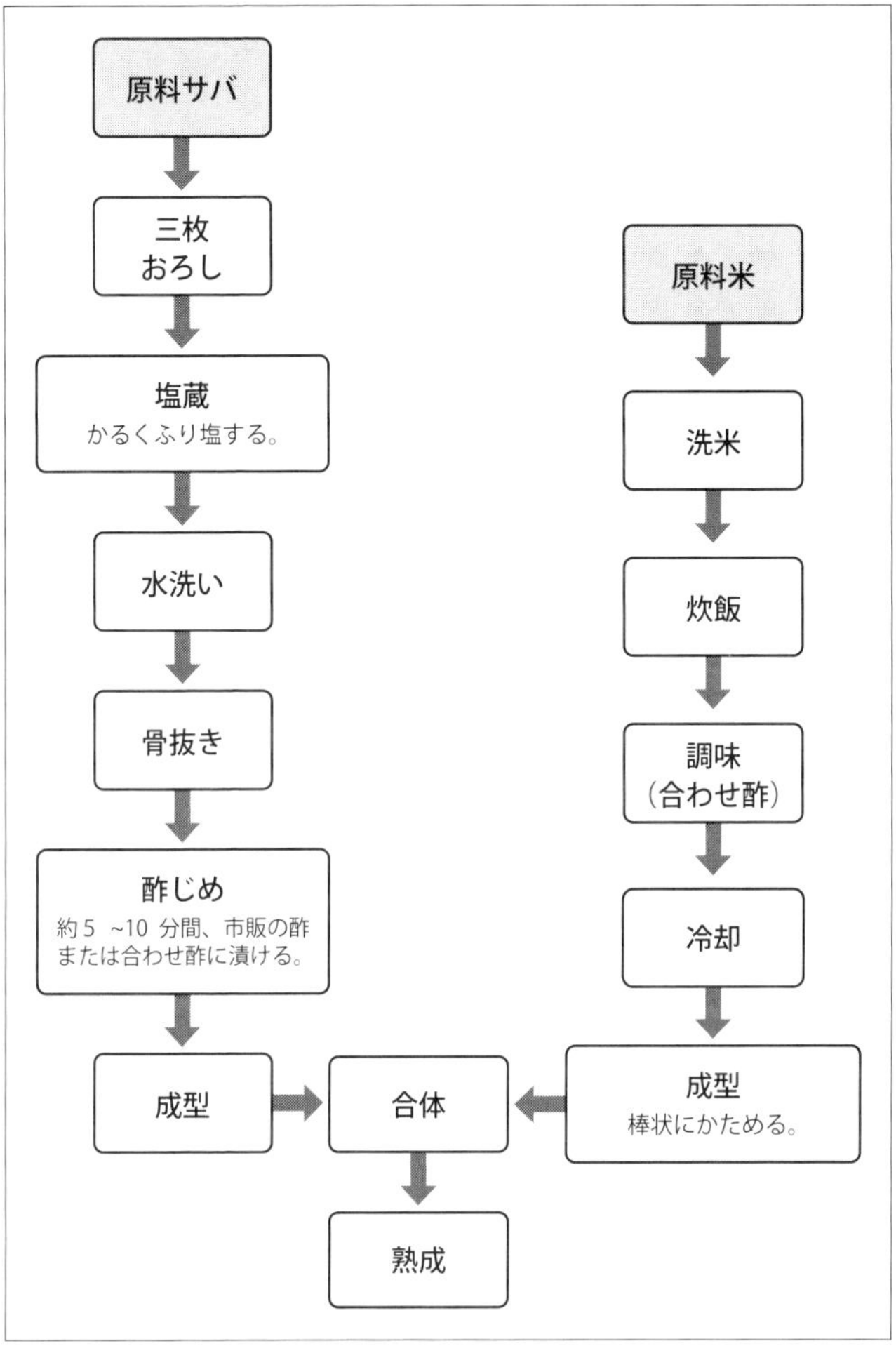
原料サバ
三枚
おろし
塩蔵
かるくふり塩する。
水洗い
骨抜き
酢じめ
約5 ~10 分間、市販の酢
または合わせ酢に漬ける。
成型
原料米
洗米
炊飯
調味
(合わせ酢)
冷却
成型
棒状にかためる。
合体
熟成

わせ酢を調製する方法をとることもあります。合わせ酢を調製したあとは、あまり時間経過しないうちにすし飯と混合します。

(四) なぜおいしいか

若狭のサバは水揚げしてから塩をすると、京へ着いたころにはほどよい塩味(塩分濃度は二～三パーセント)になりました。このとき地元で使った塩分の濃度が濃いものであれば、はやく塩がまわり製品は塩っぱいものになりますが、薄いと味気ないものとなってしまいます。塩をした若狭のサバは夕方に小浜を発って翌朝には京へ着いたとされますので、この時間を参考にすると、最初の塩の濃度は一〇から五パーセントの間だったろうと推測されています。

サバの肉は酢に浸す(酢じめする)と、酢によってサバ特有のにおいがマスクされるのです。この点が酢じめのもっとも大きな利点です。それだけではなく、食塩の存在下では魚肉の表面近くにあるタンパク質は内部のそれよりもよけいに変性し不溶化しやすくなります。一方、酢が十分に浸透しない内部の方は弾性を保持したゲル状になっていて、食べたときに内外のテクスチャーのコントラストを楽しむことができるのです。また、酢じめすることによって魚肉中の食塩濃度は低下し、表面と内部の食塩の濃度差が縮まっておいしさが向上するといわれています。おそらく京のサバずしは、こうした点を十分にふまえてつくられるためにおいしいのでしょう。

実際に、このかぎりなく美味な食べものは、京を訪れる多くの人々を魅了しつづけてきました。一度食べたことのある人は、あの肉厚のサバの味と食感は忘れられないといいます。肉の表面は酢でしまっていますが、すでに述べたように、内部はやわらかくジューシーで、噛めばサバのエキスがじわりと口腔にひろがっていくのです（**口絵写真2・1**）。

2　サバへしこ

(一) 起　源

日本海の沿岸地域では、サバ、イワシ、ニシン、フグ、イカなどの米糠漬け発酵食品が古くから作られ、京都府から鳥取県にかけて、これらの食品は「へしこ」と呼ばれています。若狭湾とその近くの地域では、マサバのへしこの生産が盛んで、一般にへしこといえばサバのへしこを指し（**口絵写真2・2**）、他の魚を原料にしたものについては、イワシのへしこ、フグのへしことというように呼びます。

奈良の平城宮から出土した木簡から、若狭湾の水産物は発酵品のなれずしや塩漬けなどとして送られていました。しかし、サバへしこの起源が何時頃なのかは定かでありません。魚の糠漬けについては江戸時代の本朝食鑑には、「糠を塩と合して瓜蔬《かそ》魚鳥《ぎょちょう》を淹蔵《えんぞう》して経年の貯えとする」とあり、この時代には精米技術が発達して米糠が多量に出るようになったので☒魚の糠漬けも盛んに作られ出したようです。稚狭考には、江戸時代中期に若狭湾から越前沖でマサバの大漁があり、若狭小浜に多量の水揚げがあったとの記載があります。これらのマサバは塩サバや塩乾品の刺サバなどにして、京都に運ばれました。漁法の発達によって越前・若狭でマサバが多獲されるにともない、マサバを塩漬けにし、さらに米糠と合わせて発酵させ、貯蔵性を高めるとともにおいしく食べる手段として、サバへしこが盛んに作られるようになったのでしょう。若狭と京都の中間地域の滋賀県高島市朽木《くつき》でもマサバからへしこやなれずしが盛んに作られ、日曜市にはこれらを求めに京都などから人が集まります。

（二）作り方

なるべく鮮度のよい体重五〇〇〜六〇〇グラムのマサバを選び、それらの一〇〇尾を背割りにします。内臓やエラを取り除き、よく水洗して魚体に付着した血液などを除去します。魚体重量に対して二〇〜二五パーセントの食塩を全面に振りまき、一〇〇リットル容の樽に隙間のないように積み重ねます。約五〇キログラムの重石をして七〜一〇日間塩漬けすると樽の上面に塩汁が浮いてきます。塩漬けしたマサバを取り出し、魚体から出た塩汁で魚体表面に残る食塩をすすぎ落とします。

塩漬けマサバに対して四〇〜四五パーセント量の米糠を魚体表面にまぶし、腹腔にも詰めます。このようにしたマサバを樽の中に隙間のないように入れ、上から米糠と少量の刻んだ唐辛子を振りかけながら、マサバと米糠の層が交互に重なるようにして樽に積み重ねます。落とし蓋をして、五〇〜六〇キログラムの重石を乗せ、塩漬けにより魚体からにじみ出た塩汁と飽和食塩水を上から注入します。密閉して空気を遮断した状態で、高温の夏期を経て六カ月以上熟成・発酵させると、へしこができ上がります。

食塩や米糠の使用量や糠漬けの時に醤油を加えるなど、地域によってへしこの作り方には多少の違いがあります。へしこは七〜一〇パーセントの高い塩分と三五〜四五パーセントの低い水分、米糠の発酵で生成する乳酸などの有機酸の存在により、腐敗を起こすことはほとんどありません。しかし、よい風味を維持するためには製品は密閉してなるべく冷所に置くことが望まれます。

(三) 製造中における成分変化とおいしさの醸成

へしこの製造過程で生マサバの水分(六一パーセント)は一週間の塩漬けで脱水して大きく減少し(三六パーセント)、糠漬けでは大きな変化は起きません。したがって、塩漬けはマサバの水分を低下させ、初期腐敗を防止する上で重要な工程です。一パーセントと少なかった灰分は塩漬けで約一〇パーセントにまで増加します。へしこの食塩含量は約八パーセントに増加することから、糠漬け中に魚骨の一部が溶出するものと考えられます。〇・一パーセントと微量なマサバの糖質がへしこでは約一〇パーセントにまで増加するのは、糠漬けで発酵により可溶化した米糠の糖質が魚肉に浸透したもので、へしこの呈味にも関係しています。

へしこは塩味は強いけれど、強いうま味と適度の酸味を持つことがよく知られています。**表1**は、小浜市周辺の製造者が異なる市販五種のサバへしこと生マサバについてのアミノ酸分析結果です。生マサバに比較して、へしこには多量のグルタミン酸などの呈味性の強いアミノ酸が生成します。へしこの製造期間中に生マサバの遊離アミノ酸総量の約七〇パーセントを占める多量のヒスチジンが激減します。

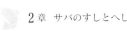

こうしたヒスチジンの減少はへしこの製造工程で一般的に起こる現象ですが、へしこを食べてヒスタミン中毒を起こすことはなく、へしこの製品中にもヒスタミンが多量に蓄積することはありません。その他の遊離アミノ酸では、タウリンのように増減の小さいものもありますが、いずれも増加するため遊離アミノ酸総量も大きく増加します。呈味効果の強いグルタミン酸は生マサバの一五ミリグラムからへしこの一二〇〜一二〇ミリグラムへと増加し、多量の呈味性の遊離アミノ酸の増加はへしこの濃厚なうま味に大きく寄与しています。また、生マサバの塩漬けおよび糠漬けで魚肉中に多量のペプチドが生成し、へしこ製品では約四倍にも増加しました。これらのペプチドはへしこの呈味にも関係しています。

表2は、同様に生マサバと市販五種のサバへしこの有機酸についての分析結果です。生マサバのpHは約六・一でしたが、へしこでは生成する乳酸などの有機酸により五・一〜五・六に低下します。マサバの筋肉中の乳酸は死後に大きく減少しますが、へしこの発酵が進むにつれて増加し、へしこの製品では一七〇〇ミリグラムにも達します。その他の有機酸として、酢酸、コハク酸、リ

表2　市販生サバ※およびサバへしこの有機酸含量(mg/100g)とpH

	生サバ	サバへしこ				
		A	B	C	D	E
シュウ酸	−	−	−	51	18	19
リンゴ酸	30	105	74	56	60	73
乳酸	1,597	682	1,738	1,047	1,678	416
コハク酸	41	202	44	24	44	121
酢酸	−	99	120	72	122	54
pH	6.13	5.56	5.14	5.5	5.23	5.43

※マサバ　　− 検出せず
A〜E：表1を参照

ンゴ酸はへしこの製造期間にそれぞれ大きく増加します。これらの有機酸の生成とpHの低下はへしこの酸味と保存性に寄与しています。

生マサバにおいて高含量であったイノシン酸（ＩＭＰ）はへしこの製造工程で急速に減少し、発酵の初期には消失しますので、ＩＭＰはへしこのおいしさにほとんど関与していません。また、へしこには発酵食品に共通して特有の香りがあり、この香りを好ましい香気と感じるか、奇異な臭気と感じるかには個人差があります。しかし、焙焼すると食欲をそそる香りに変わるので、何度か食べるとへしこが好物になる人も多いようです。

へしこは京料理の主役の素材ではありませんが、米飯とマッチし、おむすび、にぎりずし、ちらしずしなどの具や、大根、キャベツなどの野菜に挟んだ浅漬けやサラダなど、茶漬けの具あるいは酒のつまみなど、脇役として伝えられてきました。へしこは一〇～二〇グラムを薄切りにするか焙って食べ、一度に多量に食べるものではありません。最近では薄切りして包装したものも市販されています。

（四）健康性機能

従来、サバへしこは塩分が多く、油焼けしやすいので健康によくないのではないかといわれましたが、米糠の抗酸化成分や発酵により魚肉中に生成する成分の働きによって、へしこは油焼けしにくい食品であることがわかりました。しかし、高塩分の食品の連続摂取は好ましいことではありませんので、若狭地方では低塩分でおいしいへしこ作りが進められています。

へしこには製造中に多量のペプチドや有機酸が生成します。低分子ペプチドのいくつかに高血圧を抑制する作用があることが既に知られていますので、へしこの血圧に及ぼす影響を調べました。生体にはいくつかの血圧調節系があります。その一つのレニン‐アンジオテンシン系では、アンジオテンシンⅠがアンジオテンシンⅠ変換酵素（ＡＣＥ）の作用によってアンジオテンシンⅡに変換されることにより血圧は強く上昇しますが、ペプチドがＡＣＥを阻害するとアンジオテンシンⅠからアンジオテンシンⅡへの変換が起こりにくくなり、血圧上昇は抑制されます。へしこの製造期間中に増加するペプチドのＡＣＥ阻害活性は著しく増大しましたので、生マサバエキスとへしこエキスを高血圧自然発症ラット（ＳＨＲ）に対して体重一キログラムあたりペプチドとして一〇ミリグラムを経口投与して、収縮期の血圧変化を調べました。へしこエキスでは投与後二～四時間にＳＨＲの血圧は有意に低下し、八時間後にはもとの血圧に回復しましたが、生マサバエキスではこのような変化は見られません。

ＳＨＲの体重一キログラムあたり、ペプチドとして一〇ミリグラムのへしこエキスを一〇日間連続投与しますと、血圧は開始後四日目から低下しはじめ七～一〇日では有意に低下し、連続投与は単回投与の単なる繰り返しではなく、持続的な血圧低下効果を示します。一〇日目に投与を中止すると、その五日後には投与前の血圧に回復しました。また、成長とともに急速に血圧が上昇する生後五週齢のＳＨＲに対して、へしこエキスとそれを脱塩したエキスをＳＨＲの体重一キログラムあたりペプチドとして五〇ミリグラムを投与し七〇日間の長期投与を行いました。その結果、へしこエキスの投与によりＳＨＲの血圧上昇は抑制され、エキスの投与を中止しても、少なくとも二八日間は血圧低下が有意に持続していました。

また、へしこエキスのアミノ酸・有機酸画分も若干の血圧上昇抑制作用を示します。ウィスターラットへの投与実験により、これらの画分はコレステロール代謝系において血圧系を改善する効果があることもわかってきました。このように、マサバへしこの成分が健康性機能に関与していることは、へしこが長年伝統食として存在してきたことと合わせて興味深いことです。

参考図書

香川芳子編：五訂食品成分表二〇〇八、女子栄養大学出版部（二〇〇七）
竹内昌昭編：魚肉の栄養成分とその利用、恒星社厚生閣（一九九〇）
畑江敬子：さしみの科学、成山堂（二〇〇五）
飯塚久子、堀　浪子、滋野幸子：京都の郷土料理、東京同文書院（一九八八）
中山武吉：酢とすしの話、学会センター関西（二〇〇〇）
篠田　統：すしの本、柴田書店（一九七〇）
人見必大：東洋文庫・本朝食鑑（島田勇雄訳注）、平凡社（一九八〇）
農商務省水産局編：日本水産製品誌、水産社（一九三五）
小浜市史編纂委員会：（小浜市史史料編）稚狭考（津田壱助著・一七六八）、小浜市役所（一九七一）
岩田三代編：伝統食の未来、ドメス出版（二〇〇九）
青海忠久編：福井県立大学県民双書X、若狭のおさかな、晃洋書房（二〇一一）

3章 若狭からの魚

赤羽義章

若狭には季節により色とりどりの魚があり、マサバ（生鮮魚、塩サバ、へしこ、なれずし、しめサバ、サバずし、浜焼きサバなど）、アカアマダイ（ぐじ）（生鮮魚、一夜干し、粕漬け、味噌漬けなど）、カレイ（生鮮魚、若狭かれい一夜干し、かれい一夜干しなど）、キダイ（若狭小鯛）（一夜干し、ささ漬など）、アカムツ（のどぐろ）（生鮮魚、一夜干し、ささ漬けなど）、マアジ、イワシ、トビウオ、その他多種の魚があります。近年はトラフグの養殖も盛んで、若狭ふぐとして通販もされています。この章では、京都にもたらされるこのように多彩な魚と加工品の中から、若狭ぐじおよび若狭かれいを取り上げることにします。

1　若狭ぐじ

（一）若狭ぐじとはどんな魚？

若狭湾で釣りや延縄《はえなわ》で漁獲される新鮮で一尾三〇〇グラム以上の形のよいアカアマダイは「若狭ぐ

じ」と呼ばれ、ブランド化されています。アカアマダイはアマダイ科の魚で、近海で獲れる他のアマダイとしてはキアマダイ、シロアマダイなどがあります。アマダイは鼻の上部から頭にかけて独特の角張った形をしています（**口絵写真3・1**）。「くずな」とも呼ばれ、地方名の「ぐじ」や「くじ」などはこの転音によるとされています。甘鯛の字はアマダイの身肉が甘いことによるとされています。

江戸時代に本朝食鑑は、アマダイのことを「鯛に比べて細小で、体長は一尺余りほどに過ぎないが、味はきわめてよく、肉も脆白で、最も毒がなく、久痾《ながわずらい》の人にも害はない。江都（江戸）では盛んに賞でており奥津鯛ともいう。駿州（駿河の国）の奥津（興津）に多く産するからである」と紹介しています。日本水産製品誌には、「乾甘鯛は甘鯛を乾製したるものにして、すべて開塩乾製なり。普通市場に名のあるものは興津鯛及若狭鯛の二なり。若狭鯛は、若狭国小浜より製出す背開塩乾製なり。此のもの山陰、北陸両道中の佳品にして京都市中にては特に賞賛せらる。然れども興津鯛に比すれば遥かに劣れり」の記述があります。また、若狭鯛は、「製法は興津鯛に比すれば頗る簡単にして、先ず包丁を以って甘鯛の鱗を除き去り、背開となし、背骨を去らず眼球を抜き去り、清水にて良く洗ひ、一日間桶に適宜に塩漬し、後再び清水にて洗ひ日乾するなり」とされています。ところが、実際には小浜ではアマダイの鱗を取らずに一夜干しにしており、これが特徴の一つとなっています。北大路魯山人は、「東京辺で評価の高い興津鯛は鱗を剥がさなければ食べられないが、関西では北陸や若狭からの甘鯛をぐちといい、鱗が柔らかいので、若狭焼きにして鱗ごと食べるところに風情がある」旨述べ、若狭ものに高い評価を与えています。

稚狭考《わかさこう》には、「方言ぐじといふ。性の弱くて塩せざれば京へ行がたく、魚餅第一の品也、一名甘鯛といふ」とあります。ぐじは美味ですが、保蔵技術の発達していない時代にはひと塩しなければ若狭から京都に運ぶことは困難であったことがうかがわれます。また、若狭では魚餅すなわちかまぼこの原料としても使われ、現代では到底考えられないぜいたくなかまぼこです。近年、ぐじはひと塩物、一夜干しのほか、生鮮魚として出荷され、若狭焼き、ぐじの酒焼き、みぞれ蒸し、吸い物の具、細造りなど京都での懐石料理の大切な食材になっています。

(二)ぐじの呈味成分の特徴は?

魚のおいしさは、遊離アミノ酸、イノシン酸(ＩＭＰ)、有機酸、ペプチド、脂質、グリコーゲン、香気成分、テクスチャーや色調・外観など多くの要素からなり立っていますが、呈味成分としてはグルタミン酸などの遊離アミノ酸とＩＭＰはとくに重要な役割をもっています。刺身のように生食するものでは、噛み応えや口触りなどのテクスチャーも大切です。

春、夏および秋に若狭湾で漁獲されたぐじについて、遊離アミノ酸を分析しました(**表1**)。タウリンが最も多いことは白身の魚に共通した特徴です。タウリンは体調調節機能をもっていますが、呈味効果はほとんどないとされています。呈味に強く寄与するアミノ酸としては、うま味系のグルタミン酸や甘味系のグリシン、アラニン、スレオニン、セリン、プロリンが多く存在しています。これらの遊離アミノ酸はぐじの旬とされる夏に多い傾向があります。バリン、ロイシン、イソロイシンなどの苦味系の

表1 アカアマダイの遊離アミノ酸含量(mg/100g)

	春期	夏期	秋期
タウリン	347	335	209
アスパラギン酸	2	4	1
スレオニン	6	12	5
セリン	7	14	34
グルタミン酸	9	23	9
グリシン	20	30	20
アラニン	23	35	21
バリン	3	6	10
メチオニン	1	3	−
イソロイシン	1	3	1
ロイシン	3	5	1
チロシン	1	3	−
フェニルアラニン	1	1	−
オルニチン	3	2	4
リシン	68	72	141
ヒスチジン	8	2	49
アルギニン	15	22	35
プロリン	13	17	22
合計	529	588	561

− 検出せず

アミノ酸の含量は比較的少ないです。

IMPは魚肉中のアデノシン-三-リン酸（ATP）が死後に分解してアデノシン-二-リン酸（ADP）、アデノシン-一-リン酸（AMP）を経て蓄積される呈味物質ですが、時間の経過とともに不味のイノシン（HxR）、ヒポキサンチン（Hx）へと分解して行きます。IMPはアミノ酸とくにグルタミン酸との間に呈味の相乗効果があることが知られています。

図1に夏と秋に小浜市の漁連に水揚げされた市場のぐじおよび延縄で獲れた直後の船上のぐじについて、ATP関連化合物の分析結果を示しました。船上品では、夏期にかなりの量のATPと少量のADPおよびAMPが存在しましたが、主にはIMPでした。秋期にもIMPが主でした。市場品では、秋期にATP、ADP、AMPが少量存在しましたが、主にはIMPでした。夏期にはIMPの一部はHxRに分解しており、ぐじの鮮度低下はかなり速いです。

生鮮魚の鮮度判定指標としてよく使用されるK値は、ATPからHxまでのすべてのATP関連化合物に対するHxRとHxの割合を魚の鮮度判定に利用しようとするものです。魚介類の種類にもよりますが、一般にK値が二〇パーセント以下のものはきわめて高鮮度、二〇パーセント以上四〇パーセント以下であれば良鮮度とされています。夏期のぐじを〇℃から一五℃の種々の温度に貯蔵し、K値の変化を調べました（**図2**）。K値は〇℃に貯蔵すれば五〇時間後も二〇パーセント以下に保持できますが、五℃および一〇℃ではほぼ四〇パーセントとなり、一五℃では八〇パーセントに達しました。低温輸送法の未発達な古い時代では、若狭ぐじを生鮮でおいしい状態のまま京都に運ぶには大変な苦労があった

図1　アカアマダイのATP関連化合物含量の周年変化

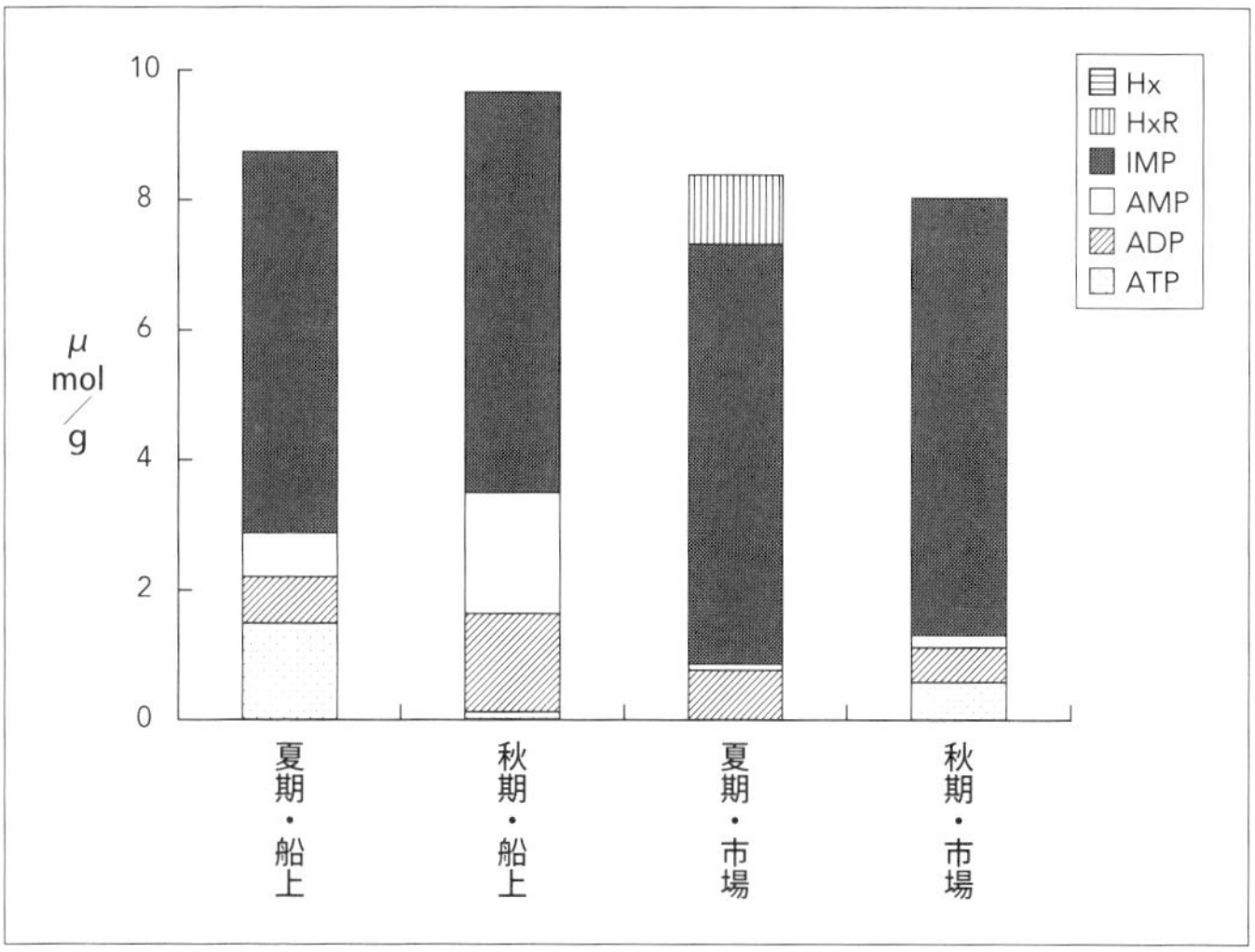

図2　アカアマダイ貯蔵中のK値の変化

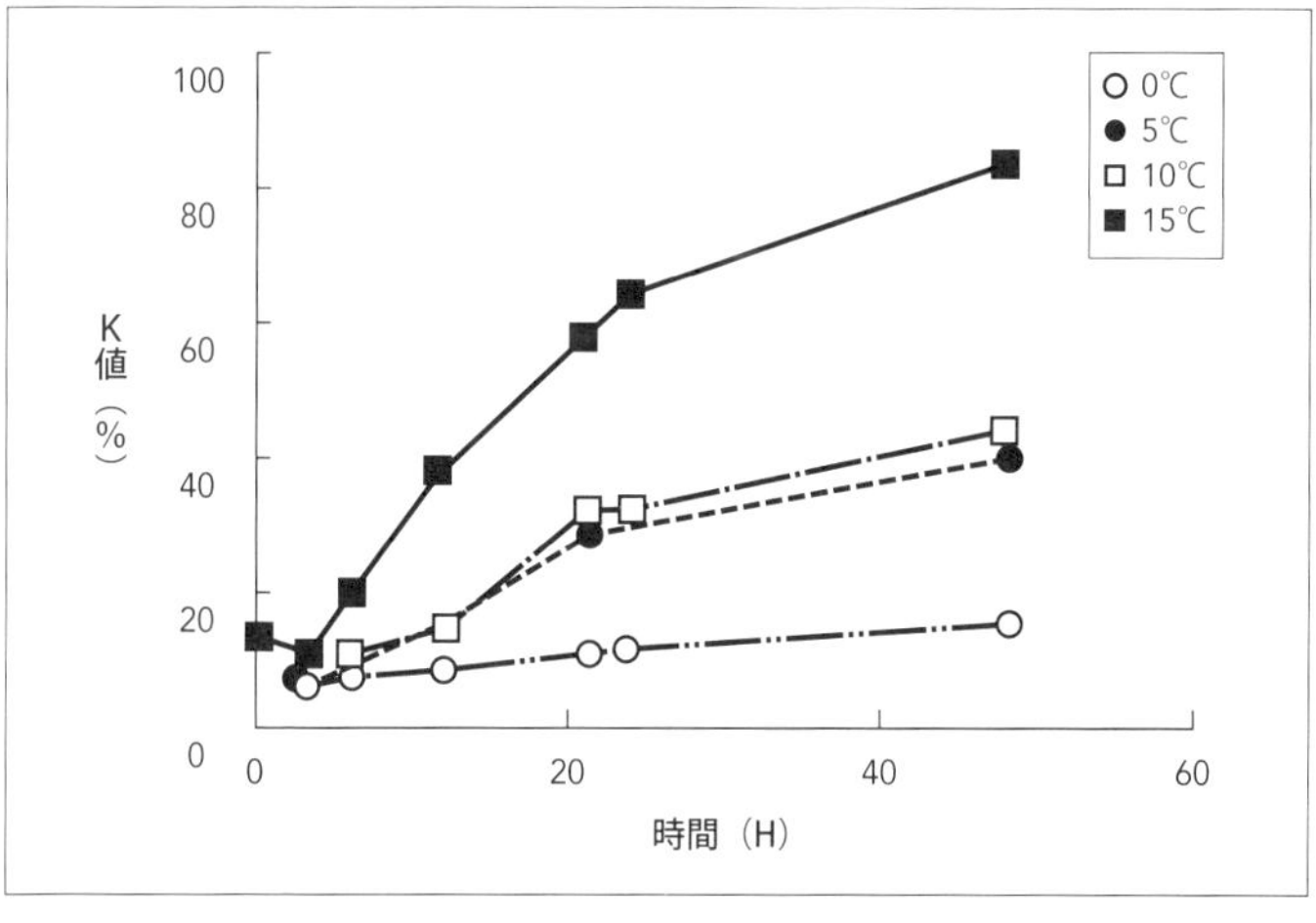

ことでしょう。

(三) 鮮度を保持して食卓に届けるために

ぐじをきわめて新鮮で高品質な状態で安定的に消費者に届ける試みが、福井県漁連を中心に行われています。釣りあるいは延縄漁で獲れた一尾三〇〇グラム以上のぐじについて、漁獲、水揚げ、市場、流通において厳密な鮮度管理を行い、水揚げ後七〇時間はK値を二〇パーセント以下に維持し、刺身にできる新鮮な「若狭ぐじ」を消費者に提供する取り組みです。

延縄で獲れた三〇センチ以上の大きさのぐじを条件を変えて貯蔵し、夏期においてもこの厳しい品質管理条件を克服できるかどうかを調べました。**図3**は、船上での活けしめ魚および氷水中に約五分間投入して仮死させた氷水しめ魚を、それぞれ魚体と氷とが直接接触しないように氷上に置く方法(下氷法)とポリエチレン袋に入れて水氷中に置く方法(水氷法)で船上保管したものを水揚げし、〇℃または五℃に貯蔵して定量したK値の結果です。氷水しめ魚の五℃貯蔵を除けば、いずれの方法でもK値を二〇パーセント以下に七〇時間保持することは可能でしたが、安定的には、活けしめ魚も氷水しめ魚も船上では下氷法か水氷法で保管し、水揚げ後は〇~五℃に貯蔵することが必要でした。ヒラメやマダイなどでは、死後五~一〇℃に保管すると魚体の死後硬直開始までの時間が遅延するので、この温度帯に貯蔵することが行われますが、ぐじは良好な肉質を維持するためにも〇~五℃での貯蔵が望ましいと考えられました。若狭ぐじを京料理の大切な素材として届けるために、このような形での努力が重ねられ

図3 船上捕獲アカアマダイ貯蔵中のK値の変化

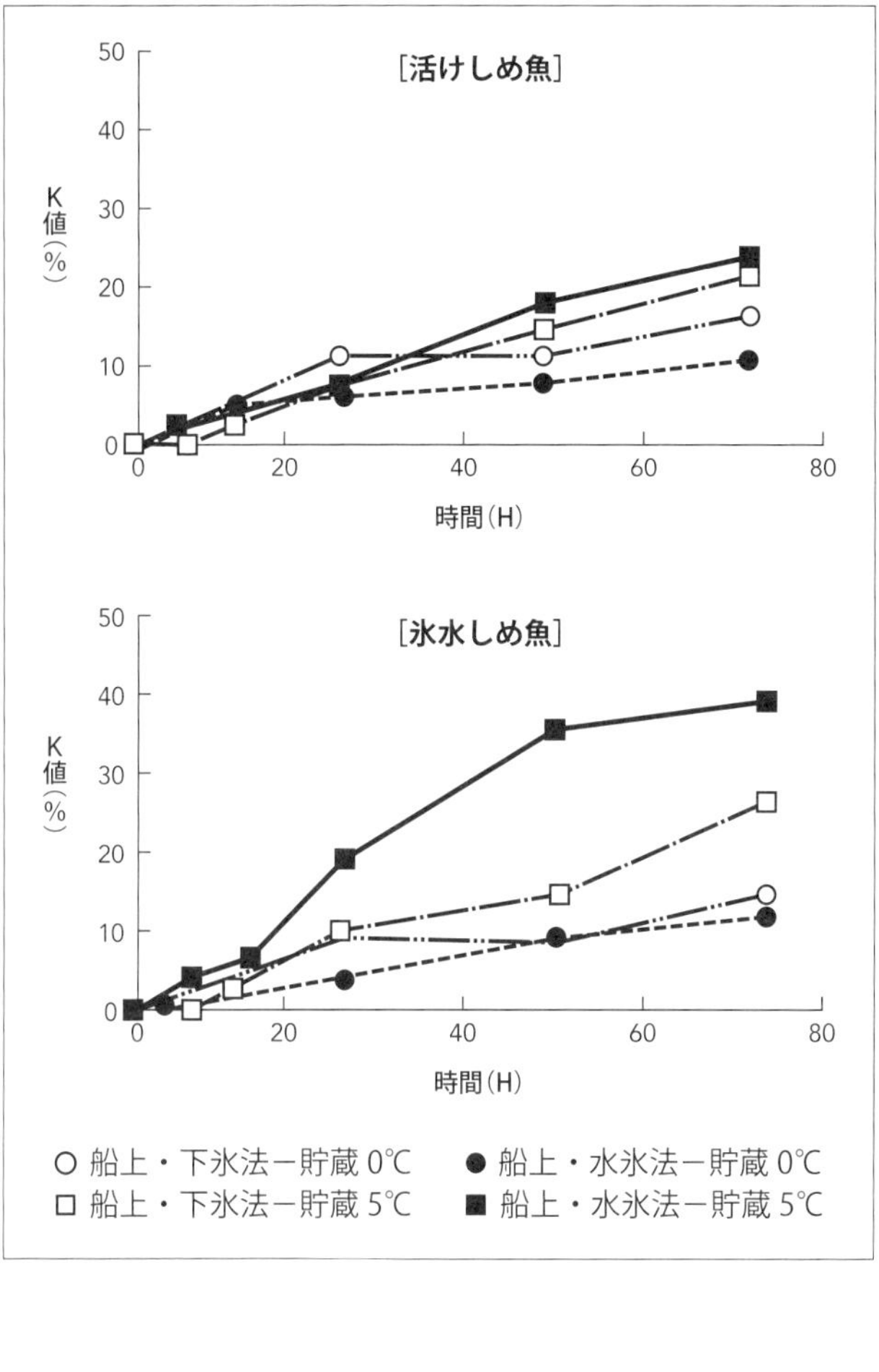

ています。

2　若狭かれい

(一) 若狭かれいとはどういう魚？

カレイの体は扁平で両眼が体の右側に付いており（ヌマガレイを除く）、体の左側に付いているヒラメと区別されています。カレイの漢字には鰈の字が多く用いられています。日本近海には四〇種類以上のカレイが産し、若狭湾周辺でもかなり多くの種類のカレイが漁獲されます。カレイは釣りによっても漁獲されますから、この地方のカレイ漁は中世以前にもあったと思われますが、江戸時代の初期には底引き網の一種の漁による混獲で漁獲量が増加しました。

若狭かれいとはどういう魚かということについては時代によって変化があります。江戸時代の日本山海名産図絵に「若狭鰈　海岸より三十里ばかり沖にて捕るなり。其所を鰈場といいて若狭、越前、敦賀三国の漁人ども、手繰網を用ゆ。海の深さ大抵五十尋、鰈は其底に住みて水上に浮むこと希なり。漁人三十石ばかりの船に十二三人、船の左右にわかれ帆を横にかけ、其力を借りて網を引けり」とあり、若狭かれいは、特定の種類をいうのではなく、若狭湾の近海で獲れるカレイを総称しているようにみえます。

大正時代の末の福井県水産試験場の調査結果では、「若狭鰈と総称するものにマツバガレイ、ササガレイ、ミズガレイ、ヒガレイ、ワカサガレイの五種あり。其中のヒガレイは原料の鱗及臓物を除去し清水にて洗ひ、其儘竹串に刺して日乾せるものなるが、其他の製法は何れも大同小異にして新鮮なる原料の鱗及臓物を除去し、清水にて洗い薄塩を加えて五六時間漬け込み、之を更に清水にて洗いて日乾せるものなり」とあります。そして、マツバガレイの原料魚にはメイタガレイを、ササガレイにはヤナギムシガレイを、ミズガレイにはムシガレイを、ヒガレイにはタマガンゾウビラメを、そしてワカサガレイにはアカガレイを用いるとしています。しかし、現代ではヤナギムシガレイを原料とした一夜干しが、香ばしくて上品な味、骨離れがよくて食べやすいなどのことから、若狭かれいの名を独占するようになっています。

一九八五年以来、一一月末には小浜魚商組合員が若狭湾で獲れたヤナギムシガレイを厳選し、一夜干しにして皇室へ献上する「若狭かれい」を調製することが恒例となっています。秋から冬にかけての時期、ヤナギムシガレイは産卵前で身も厚くなり大変美味です。一夜干しは魚体内の赤色の卵巣が外部からも見えて姿も美しいです（**口絵写真3・2**）。このようなことから、二〇〇七年（平成一九年）四月に、「若狭かれい」は若狭湾で獲れたヤナギムシガレイの一夜干しに限って使用できる名称と規定され、地域団体商標として出願し登録されました。

(二) カレイの呈味成分の比較

ヤナギムシガレイ、メイタガレイ、ソウハチ、ムシガレイ、アカガレイの五種の春期および秋期のカレイについて、呈味性の強い七種の遊離アミノ酸すなわちグルタミン酸、グリシン、アラニン、アスパラギン酸、イソロイシン、ロイシン、バリン含量を比較しました（**図4**）。遊離アミノ酸はヤナギムシガレイ、メイタガレイ、ムシガレイでは大体同程度の含量で季節変化も小さかったですが、ソウハチ、アカガレイではこれらのカレイより春期に多いだけでなく、旬の秋期ではさらに大きく増加しました。また、いずれのカレイについても春期から秋期にかけてグルタミン酸が増加しました。

図5はこれらのカレイを五℃および一五℃で貯蔵した時のＩＭＰの減少を比較したものです。五℃でも一五℃でもメイタガレイは最もＩＭＰの減少が遅く、五℃ではヤナギムシガレイ、ソウハチ、ムシガレイの減少がほぼ同程度でしたが、一五℃ではヤナギムシガレイの減少が他の二種より遅いことがわかりました。アカガレイは五℃でも一五℃でも他のカレイより減少が著しく速いです。

（三）特性を生かした利用について

江戸時代中期の本朝食鑑には、蒸鰈について「両越および若州で産する。就中越前のものが上である。近ごろ江都の漁市場にもあり、あるいは各家でも製造しているが、越州の産には及ばない。越州の産は味も最も美い。その法は、子の多い生鮮な鰈を塩水で蒸すのである。半熟にして取り出し、陰に数日間乾す。これが蒸鰈である」とあります。ここでは越前の蒸鰈が上とされていますが、若州すなわち若狭のものも挙げられており、若狭でも上質な蒸鰈が作られていたことがわかります。また、江戸時代後期の日本山海名産図絵には、「塩蔵風乾　是を蒸鰈と云うは塩蒸なり。火気に触れし物にはあらず。先《さき》に

図4　春期および秋期のカレイにおける呈味性の強い遊離アミノ酸含量の比較

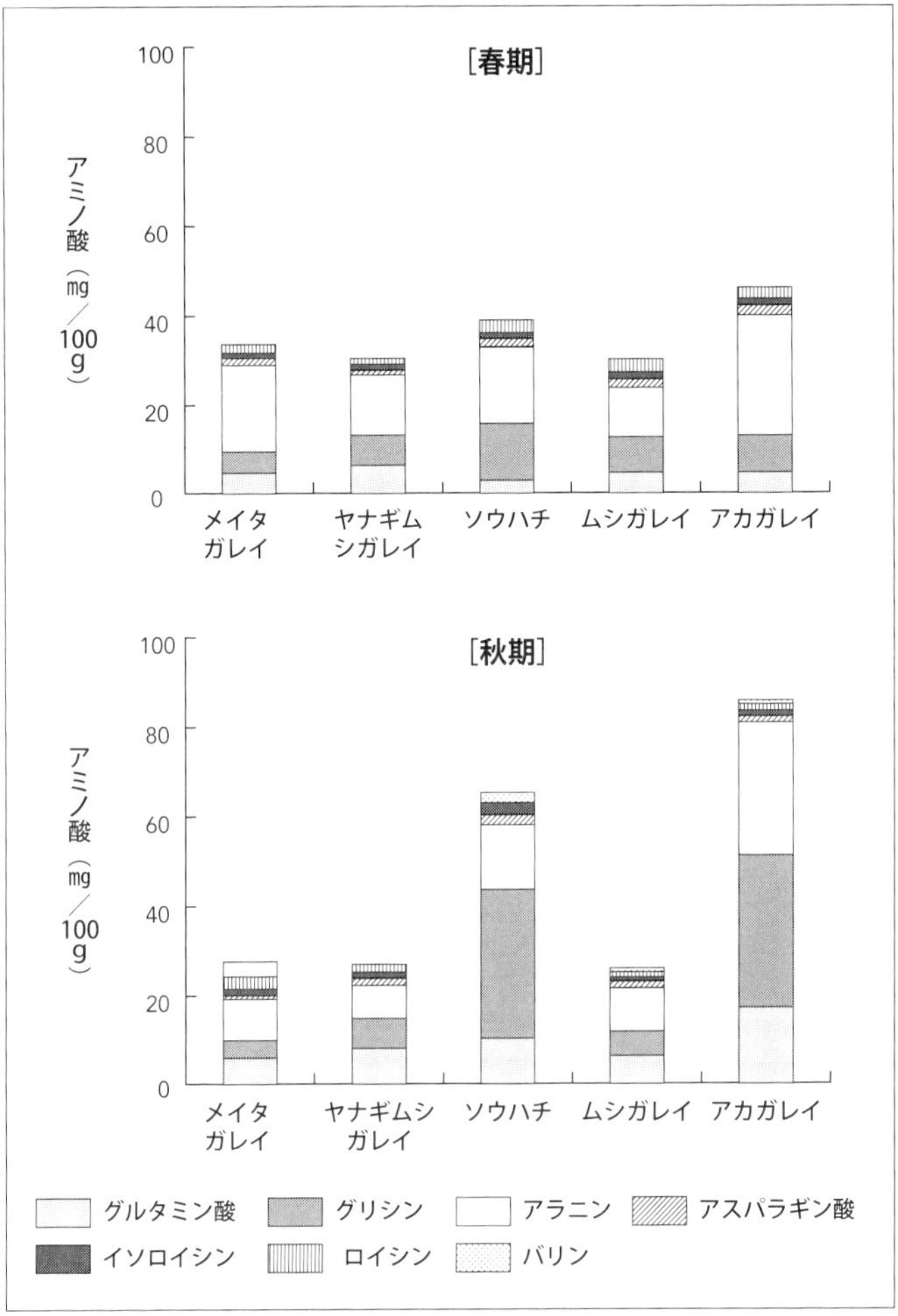

図５　カレイの貯蔵中(5℃および15℃)における
イノシン酸含量の減少割合の比較

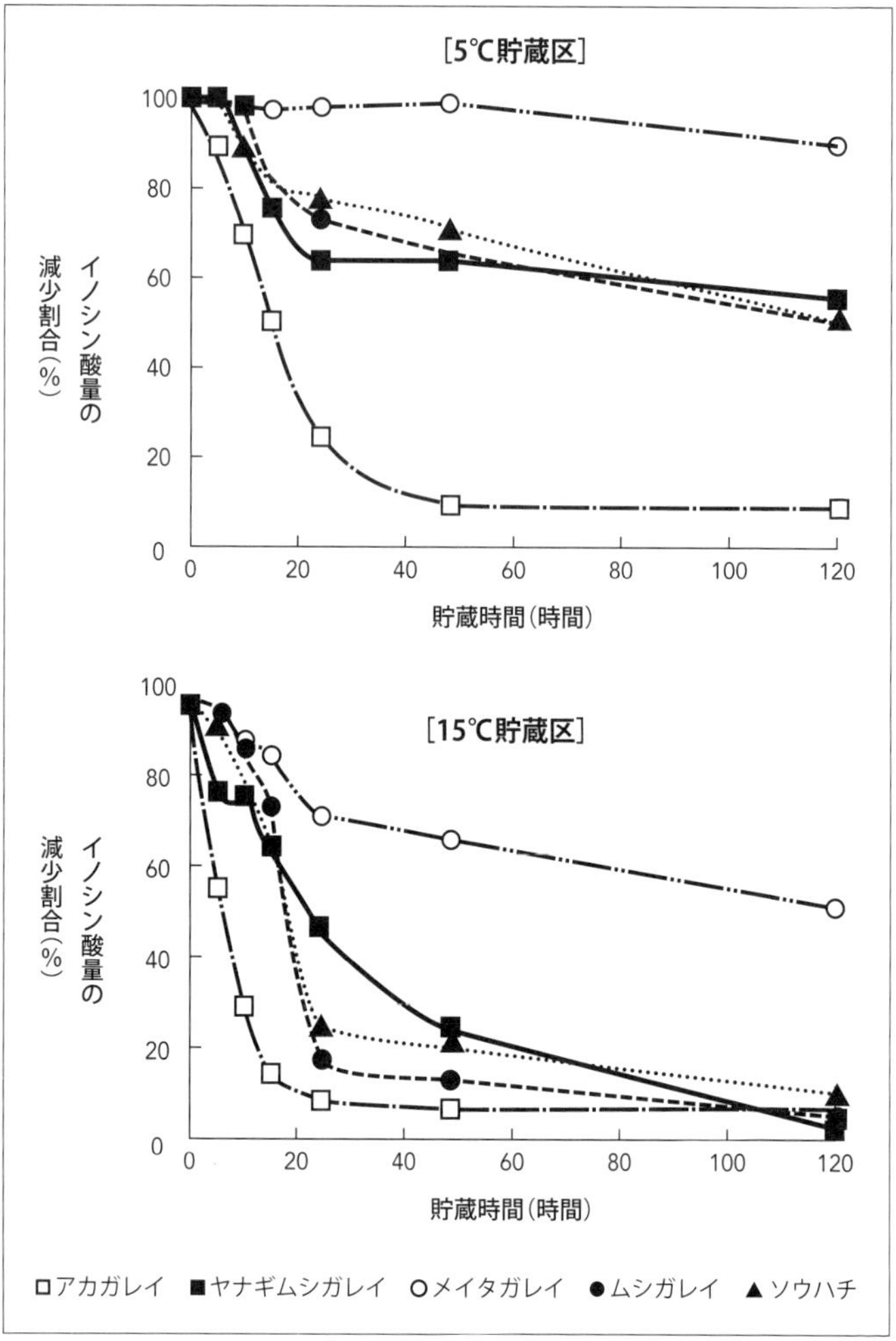

取得し鮮物を一夜塩水に浸し半熟し、又砂上に置き、藁薦《わらこも》を覆い、温湿の気にて蒸して後、二枚ずつ尾を繋ぎ、少しく乾かし、一日の止宿も忌みて即日京師に出す。其時節に於ては日毎隔日の往還とはなれり。淡乾《あわぼし》の品多しとはいえども是天下の出類、雲上の珍味と云うべし」とあります。明治時代以降の資料をみると、蒸鰈の製造法はいくつかの変化はあるものの、現代の一夜干しに連結していると考えられます。大きな変化は、低温流通の発達によって、カレイが生鮮魚や塩物などとしても流通し、煮付け、塩焼き、唐揚げ、あるいは刺身としても利用されるようになったことでしょう。そのことはよいことですが、カレイの薄い体型、鮮度低下の速さなどを考えると、一夜干しにして水分を減少させ、呈味成分を濃厚にすることの重要性を忘れないことが大切です。

ヤナギムシガレイは姿形が美しく、体は半透明で皮が柔らかい美味なカレイです。また、IMPの保持時間が長く、高級な一夜干しに最適なカレイといえます。現代において、ヤナギムシガレイの一夜干しを「若狭かれい」と呼ぶことは妥当なことと思われます。

メイタガレイはIMPの保持時間が最も長く、美味ですが、皮が厚い特徴があります。古い時代には一夜干しとしての評価が高かったといいますが、IMPの減少が遅いことが原因している可能性が高いと考えられます。このカレイは漁獲量が少ないため塩蔵品や塩乾品にされることは少ないですが、生鮮魚での刺身や煮付け、唐揚げなどに適しているといえます。ソウハチは遊離アミノ酸量が多いのですが、IMPの減少がかなり速いカレイです。ヤナギムシガレイの端境期に干物にも多く使われますが、焼き物や煮付けにも適しています。体の外側のぬるつきが強く身の香りにも癖があるともいわれます。ムシガレイは春先に抱卵し、淡泊なおいしさがありますが、漁獲量は少ないです。遊離アミノ酸が少なくIMPの減少が速いです。干物にも使われますが、新鮮なものの塩焼きが最適といえます。アカガレイは漁獲量が多く、魚体が大きく身も厚いカレイです。古くは代表的な総菜魚であり、煮付け、塩焼き、唐揚げなどのほか、一般的な干物にも多く用いられます。遊離アミノ酸量は最も多く、旬の秋にはさらに増加しますが、IMPの減少が非常に速く短時間でK値が上昇し、呈味が低下しやすいので漁獲後の鮮度の保持が重要です。

参考図書

人見必大（島田勇雄訳注）：東洋文庫・本朝食鑑、平凡社（一九八〇）
農商務省水産局編：日本水産製品誌、水産社（一九三五）
北大路魯山人：魯山人の料理王国、文化出版局（一九八〇）
小浜市史編纂委員会：小浜市史史料編　稚狭考（津田壱助著・一七六八）、小浜市役所（一九七一）
貝原益軒：日本釈名（一七〇〇）
日本随筆大成刊行会：日本山海名産図絵（塩屋卯兵衛　一七九七）（一九二九）
明治百年記念・福井県水産会史：大正一四年福井県水産試験場田代清友技師の調査結果、福井県漁業協同組合連合会（一九六八）

4章 ハモ

遠藤金次

ハモは、ウナギ目ハモ科の底生魚です。外観が細長く、海蛇のように見えますが、尾鰭もあり、アナゴに近い魚です。大きいものは体長二メートルにも達します。鋭く尖った歯の並んだ大きい口（吻部はやや湾曲）とギョロッとした目をもち、見るからに獰猛な面構えです。性質も荒々しく、やたらに噛みつくので、「食《ハ》む」が訛ってハモという魚名になったといわれています。なお、三陸や北海道では、アナゴのことをハモと呼びます。

ハモは西太平洋からインド洋にかけての熱帯～温帯域に広く分布し、日本近海では中部以南に分布の中心があります。

1 関西で珍重されるハモ

ハモは東日本ではあまり評価されませんが、関西では、その上品な味が高く評価され、日常的な惣菜の食材や練り製品（**10章**参照）の原料としてしばしば利用されるほか、高級料亭の和食の食材としても重宝されています（16章参照）。カマボコ用に採肉した後のハモの皮を焼いた「ハモ皮」が販売されるくらい、関西では幅広い用途のある食材です。

かつて、山国の京都では、塩物や干物は兎も角、海産の生鮮魚を手に入れるのは大変でした。特に気温の高い時期には、輸送中に鮮度が落ちるからです。その点、ハモは、生命力が強く、水から揚げてもしばらくは生きているので、京都では、夏でも食べられる海産魚として特別に珍重されてきました。京の夏を彩る「祇園祭」はハモ祭りとも呼ばれて、京の夏にハモは欠かせません。

日本近海のハモの産卵期は、晩夏から初秋であり、旬はその少し前、初夏から盛夏にかけてです。ハモは年中利用されていますが、特に夏に重宝され、俗に「ハモは梅雨の水を飲むと美味くなる」といわれます。この時期になると、新聞や雑誌にハモの特集記事がしばしば載ります。ある年の筆者のメモ帳に、某新聞のハモ特集欄の見出しを写した言葉、「ふわっとした白い身と梅肉の緋色がはんなりとした色合いを醸すハモ料理。味に品。粋《すい》どすなあ」が残っていました。

2 食材としての特徴

ハモ肉の成分は、タンパク質二二・三パーセント、脂質五・三パーセント、水分七二・〇パーセント（五訂「日本食品標準成分表」）です。ハモのこのタンパク質の高含量は、白身魚の中ではかなり際立っていて、脂質含量がかなり多い（したがって水分含量が少ない）ことと並んで、ハモの味を支えています。また、最近は、皮に多いコンドロイチンの老化防止機能が注目を集めています。

（一）ハモの小骨

ハモの中骨をとった片身には、写真1に示したように、皮から約一ミリメートルのところまで、体の軸に平行に走る小骨（写真1の△）と斜めに走る小骨（写真1の▲）が、ビッシリ並んでいます。この小骨は肉間骨と呼ばれています。一本一本の小骨はそれほど硬いものではありませんが、食べる際には邪魔になります。写真1の（上）は骨切り前の、（下）は骨切り後の小骨の状態を示したものです。

この写真からわかるように、骨切りを施した身では、整然と並んでいた小骨が部分的に切断されたり、折れたりしながら、不規則に分散しています。骨切りしていないハモを食べるとすると、咀嚼中に、整然と並んでいた小骨が折れたり、千切れたりしながら、この写真の（下）のような分散状態になって、嚥下されます。折れたり、千切れたりするとき、小骨は口腔内をチクチク刺激し、不快感をもたらすのでしょう。

東日本以北でその評価が低いのは、この小骨の多さにあると考えられます。小骨が邪魔になって食べられないので、古くは潰しものに使うしかなかったようです。ところが京都で、「骨切り」の技術が発達し、そのお蔭で、ハモは、さまざまな料理の食材として使えるようになりました。

ハモの骨切りは、その小骨を咀嚼の邪魔にならない程度にまで切断することであり、ハモを開いて中

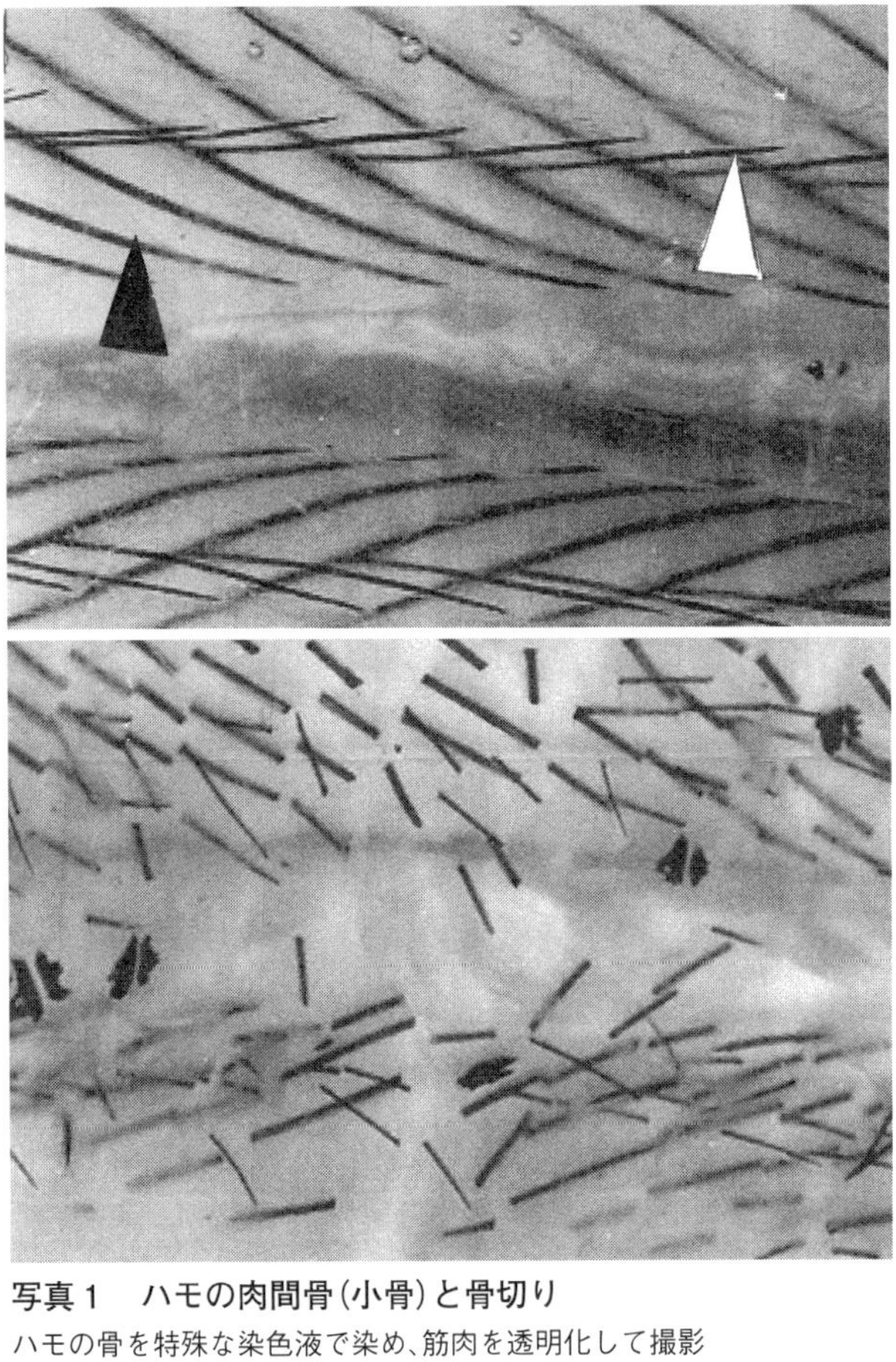

写真１　ハモの肉間骨（小骨）と骨切り

ハモの骨を特殊な染色液で染め、筋肉を透明化して撮影

△ 体軸に平行に並ぶ小骨　　▲ 体軸に斜めに並ぶ小骨

（上）：骨切り前　　（下）：骨切り後

青海忠久：若狭のおさかな，吉中禮二編，福井県立大学県民双書，第５号（2007）

骨を除き、細かく包丁を入れます。その極意は「一寸を二四に切り込む」（二四ではなく二六という説もあります）といわれています。

魚の食べ方はさまざまであり、日本では、新鮮なものを生のまま、刺身や握りずしとして食べることが特に好まれています。ところが、骨切りしたハモは、分厚い皮に細かく切断された身が付着している状態であり、生のままその食感を楽しむのには向きません。「生」を敬遠して、骨切りした後、火を通して食べるのが普通です。

骨切りしたハモを加熱すると、分厚い皮が収縮し、身は切り目から拡がって、全体が丸くなります。この際、案外見逃されているのは、その肉質です。身の軟弱な魚であれば、これだけ細かく包丁を入れて加熱すると、身がバラバラになりかねませんが、ハモの場合は、後述のように身がしっかりしているので、花が咲いたような形が保たれます。この形もハモの魅力の一つです。

なお、一般的ではありませんが、骨切りをせず、浅く包丁を入れて小骨を浮かせ、それを一本一本引く抜く手法が開発されています。この「骨なしハモ」は、フグに匹敵する歯応えがあり、骨切りしたハモと全く異なる生のプリプリした食感を楽しめるので、注目を集めています。

（二）ハモの肉質

筋肉の硬さを左右する結合組織の構造や量は、動物の種類によって異なります。魚は、水の中に棲んでいるので、その筋肉は、陸上動物の筋肉に比べて結合組織が少なく、一般に軟弱ですが、軟弱さにも魚種による違いがあり、魚の種類による肉質の違いを、その遊泳型に着目して整理すると、**表1**のようになります。この表は、魚体を大きく動かして泳ぐ魚ほど結合組織が発達し、その主成分であるコラーゲンが多く、肉質が硬いことを示しています。そして、破断強度によって測定した筋肉の硬さも、遊泳型A、B、C、Dの順になることがわかりました。

ハモを生で口にすることは少ないので、その身がしっかりしていることに気付く機会はめったにありませんが、実は、身体全体を大きくくねらせて泳ぐハモは、コラーゲンを主成分とする結合組織（筋基質タンパク質）によって筋繊維がシッカリ束ねられていて、フグなどと並んで、魚の中では肉質が最も硬いグループに属しています（**表1**）。普通に口にするハモは、骨切り・加熱したものであり、骨切りによって筋肉の繊維状組織は細切され、筋繊維を束ねているコラーゲンがかなり可溶化しています。その形状ではわずかな力で砕けますから、その肉質を表現するのには、「硬」「軟」より、「コリッ」（反対語は「モチモチ」）などの方が適切かもしれません。

表1　魚の遊泳型と魚肉のコラーゲン含量と肉質の比較

遊泳型と魚種	コラーゲン含量※	肉質
A型：イワシ、ヤマメ、ニギス、ニジマス、サバ、アジ	1.6 ～ 2.3	柔らかい
B型：コイ、ウマヅラハギ、オニオコゼ、タイ、スズキ	3.2 ～ 4.7	↑
C型：マコガレイ、ボラ、ヒラメ	4.4 ～ 5.9	↓
D型：ハモ、ウナギ、アナゴ	7.5 ～ 11.7	硬い

※総タンパク質中の割合（%）

遊泳型　A：尾鰭のみを動かす　B：身体の後半と尾鰭を動かす
C：全身をくねらす　D:全身を大きくくねらせ、蛇行する

K. Sato, R. Yoshinaka, M. Sato and Y. Shimizu: *Bull. Japan. Soc. Sci. Fish.*,**52**, 1595-1600（1986）

3 肉質とうま味成分の変化

日本人は、古くから魚に恵まれ、いろいろな種類の魚を利用してきただけに、肉質が魚種ごとに異なることを熟知しています。例えば、鮮度が低下した時の魚の性質の変化について、魚種ごとの特徴をくわしく把握していて、その特徴を「腐ってもタイ」、「サバの生き腐れ」などの俚諺として遺してきました。

これらの知見と比べながら、ごく新鮮なハモを氷蔵した場合の問題点を、塩田・村田のデータによって、**図1**のように整理してみました。

まず、肉質の問題です。魚の硬さを支配している要因には、収縮筋肉の硬さ（死後しばらくして、全身がツッパッたようになる時の硬さ—筋繊維の収縮に由来）と結合組織の硬さ（筋繊維を束ねている結合組織の丈夫さに由来する切り身の硬さ）があります。

前者は硬直指数（魚体の前半部を水平に保った時の、魚の尻尾の垂れ下がり程度）、後者は切り身の破断強度（切り身の横断面を押しつぶすのに要する荷重）によって、それぞれ区別して測定できます。

図1は氷蔵中のハモ肉の破断強度（氷蔵開始時の値を一〇〇として示す）の測定結果であり、氷蔵二四時後には、その値は氷蔵開始時の値の五五パーセントにまで低下していました。そして、その肉質は「コリッとした感じを失い、モチッとした感じで、崩れ易い」と記載されています。一方で、魚体全体

がツッパッたように硬くなる現象は、死後硬直として知られている現象です。**図1**は、後述のイノシン酸含量の変化も示しますが、この折線の途中に矢印を付けた位置は、この死後硬直がほぼピークに達した点、氷蔵約二〇時間後、を示しています。この時点で、ハモの魚体全体はツッパッて、最も硬くなっているのですが、筋繊維を束ねている結合組織はすでに半分ほど崩壊していて、それを生のまま咀嚼してみると、コリッとした、あるいはプリプリした食感はかなり失われています。

ハモの硬さの特徴として、魚の硬さを支配している二つの要因のうち、コリッとする感触やプリプリ感に繋がるような「硬さ」はかなり速やかに消失しますが、死後硬直の進行速度はかなり遅い、と考えられます。

次にうま味成分のことです。魚のうま味成分であるイノシン酸は、上述の死後硬直に連動して筋肉成

図1　貯蔵(氷蔵)中におけるハモの肉質とイノシン酸含量の変化

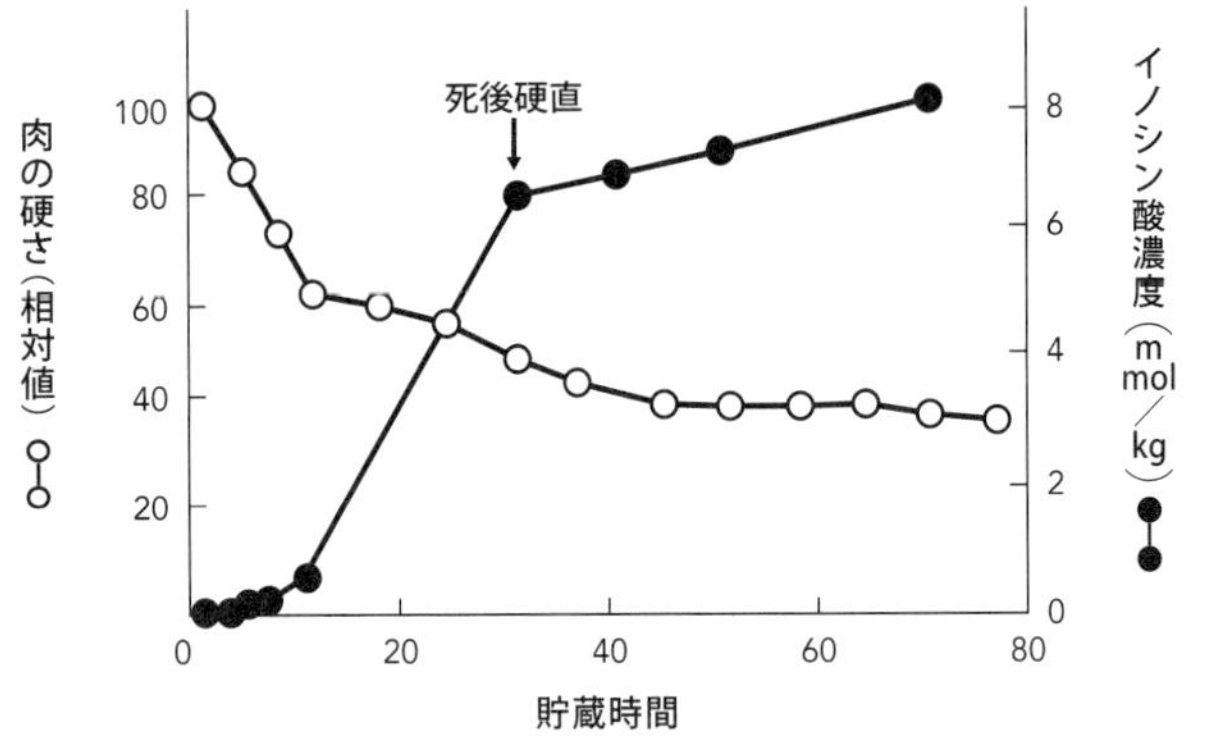

塩田二三子・村田道代：華頂短大紀要，No.43, 15-24 (1988)

分であるATPから生成するものです。その筋肉中の濃度は、死後硬直と同様に、死後数時間ないし半日後に、最高濃度に達し、その後は減少するのが普通です。ところが、ハモの場合は、**図1**に示したように、氷蔵三日間ほどはイノシン酸の分解・減少が起こりませんでした。

以上のように、ハモは、コリッとする感触やプリプリ感に繋がる「硬さ」の消失がやや早いという難点はありますが、死後硬直の進行速度やイノシン酸の分解速度はかなり遅いので、小骨の多い点を除けば、欠点の比較的少ない食材であるといえます。

4 ハモ料理

江戸時代中期には、料理本が盛んに出版されるようになり、そのうち、魚料理に関するものには、鯛百珍と並んで海鰻百珍（寛政七年）があります。著者はわかりませんが、京都で発行されたものです。百品目を越える程のポピュラーなハモ料理があったとは思えませんが、ハモは、山国の京都で比較的容易に入手できる唯一の新鮮な海産魚であるだけに、大切に、そしていろいろ工夫を加えて、利用してきたのは確かです。ハモ専用の骨切り包丁を生み出したのも京都です。ハモ料理は多彩であり、古くからの蒸し物・焼き物・鍋もの、揚げ物・汁もの等々に加えて、各国の料理法を適用した新しいハモ料理も次々に誕生しているので、その紹介は筆者の手に余ります。ポピュラーで、京都と特に縁の深いもの数点について、名称と特徴と写真を列記するに止め、詳細は数ある専門書に譲ります。

(一) ハモの切りおとし（略称「おとし」）

「おとし」は夏のハモの食べ方の代表選手です。骨切りしたハモの身を数センチ幅に切り、熱湯に落とし、透明感のある身が変色すれば、湯からさっと引き上げ、氷水で冷やします。皮が収縮するので、身は切れ目の部分から開いて、丸くなるので、これを素早く水切りして、冷やした器、あるいは氷の上に盛り付けます。

好みによって、梅肉（**口絵写真4・1**）、梅肉醤油、わさび醤油、からし酢味噌などを付けて食べます。独特の食感をもつ「おとし」は、京都の夏に欠かせません。料理法がシンプルなだけに、「おとし」の質は食材の良し悪しで決まることになります。

(二) ぼたんハモ（ハモの葛たたき）

骨切りしたハモの大ぶりの切り身を、骨切り包丁目の奥までくず粉を打ち、余分の粉を落とし、塩を加えた熱湯に入れて湯引きします。くず粉が切り目に入っているので、この切り身は、壁がシッカリ開いて、ボタンの花のようにふっくらと盛り上がります。くずを打つことによって、うま味成分の溶出を抑えられるので、うま味が封じ込められ、ツルッと滑らかな食感をもつようになります。京の盛夏の最高の椀盛りです。

(三) ハモずし

ハモずしはハモ一尾を丸ごと用いた棒ずしです。骨切りしたハモを、焼たれをかけて付け焼きにし(皮側にはたれをかけない)、この焼きハモの皮を上にしてすし飯をのせ、切り口が扇型になるよう布巾で締め、巻き簀で形を整えます。祇園祭のご馳走の筆頭はハモずしといっても過言ではありません。より大衆的なものに、ハモの押しずしがあります。ハモの身をほぐして(皮は外す)まったりと炊いたものを、すし飯の上に貼りつけて、押しずし器で形を整えます。

昭和四〇年代の初期、高等学校の家庭科の教科書づくりに参加した時のことです。文部省(現文部科学省)の教科書検定で、ハモを巡って一寸したやり取りがありました。当方の教科書原案の調理実習の食材に「ハモのおとし」を入れていた部分を指して、高校生の調理実習に「ハモのおとし」を使うとは何事か、高級料亭の真似事などダメ、という訳です。「関西では、惣菜として、普通の家庭で食べている」と説明しても、検定官は、そんな贅沢はダメの一点張り。東西の食文化の違いに泣かされた一幕でした。

現在は、東京でも、「ハモのおとし」などは、簡単に手に入ると思いますが、昭和四〇年代は、東京には、ハモを日常的に食べる習慣がなかったので、検定官の言い分は当然だったのかも知れません。その頃から現在までのわずかな期間で、東西食文化の融合は、いや、国内の東西融合などを飛び越えた地球レベルでの国際化は、すさまじい勢いで展開してきました。ハモのような穏やかで、繊細な味を楽しむような食材は、昨今の和食ブームにのせられてワイワイ持て囃すのではなく、穏やかに楽しんでほしいと思います。なにしろ、日本近海のハモの資源量には限界がありますから。

参考図書

浅尾朋樹：秘伝鱧料理、誠文堂新光社（一九九七）
苗村忠男・高見　浩：京都が育んだ味と技術―鱧料理、旭屋出版（一九九九）
池田弥三郎・長谷川幸延：味にしひがし、土屋書店（二〇〇七）

一口メモ

京のハモは山で獲れる

そのむかし、京で珍重されたハモは、主として大阪湾から瀬戸内海で獲れたものです。大阪から船で淀川・桂川を遡り、桂川と鴨川の合流点にあった鳥羽津（または草津）から「鳥羽の作り道」（平安京を支える物流の道として作られた古代計画道路）を使って、陸路を京へ届けられました。

この大阪から京都へ魚介類を運ぶ物流ルートでは、夏季には、多くの魚介類が輸送中に腐る危険がありましたが、ハモは生きていることができます。ハモにとって特別にメリットの大きいルートですから、何時の頃からか、鱧海道と呼ばれるようになりました。

この物流ルートは船便と陸送で構成されているので、両者の接続に不具合が生じると、厄介なことになります。そんなときの代替ルートとして、天王山辺りに、ハモを担いで山を越える道があったそうです。

ある時、その山道で、担いでいた荷を落としたらしく、それを拾った近所の農民が、まだ生きているハモを見て「京のハモは山で獲れる」と言い出したそうです。

5章 ブリ

遠藤金次

ブリは、スズキ目アジ科に属し、北西太平洋に生息する大型回遊魚です。春に九州西南海域で生まれたブリの稚魚は、流れ藻に付いて黒潮や対馬暖流にのって日本列島沿いを北上し、やがて流れ藻から離れ夏期には北上、冬期には南下を繰り返しながら成長します。一年で三〇センチ、二年で五〇センチ、三年で六五センチ、四年で七五センチと成長が早く、全長一メートル、体重八キログラムを越えるものも稀ではありません。

この回遊の経路にあたる地域では、地域ごとに固有の名称を付けてきました。例えば、関東ではワカシ→イナダ→ワラサ→ブリ。関西ではツバス→ハマチ→メジロ→ブリ。北陸ではツバス→フクラギ→ガンド→ブリ、などのように、成長段階別に呼んできました。ちなみに、このように成長段階別に名称の変わる魚は出世魚と呼ばれ、スズキ・コノシロなどが知られていますが、ブリは最も代表的な出世魚です。

ここでは京都や北陸の正月には欠かせないブリについて、そのおいしさの秘密の一端を考えるとともに、その生産と消費の現状を紹介します。

1 ブリの生産は西日本、消費は北陸

日本の総漁獲量は一九九〇年頃をピークにして、近年かなり急速に低下していますが、ブリは**図1**に示したとおりであり、天然ブリは一貫して増加傾向にあります。大まかには、天然ブリの漁獲量のうち約五万トンは、最近の数十年間、長崎・千葉の両県と山陰・北陸の数県で獲っていて、その上に、近年のブリ漁場の北方への拡大と山陰・北陸での旋網によるブリの漁獲の伸びが、上積みされる形になっています。天然ブリの漁獲が増えているのに加えて、ブリの場合は、一九六〇年ころから小割式網生簀による海面養殖が盛んになり、特にブリの養殖生産が急増し、一九七〇年には天然ブリの漁獲量を凌駕するまでになりました。養殖ブリの生産は鹿児島県・宮崎県・大分県・愛媛

図1　天然ブリ漁獲量および養殖ブリ生産量の推移

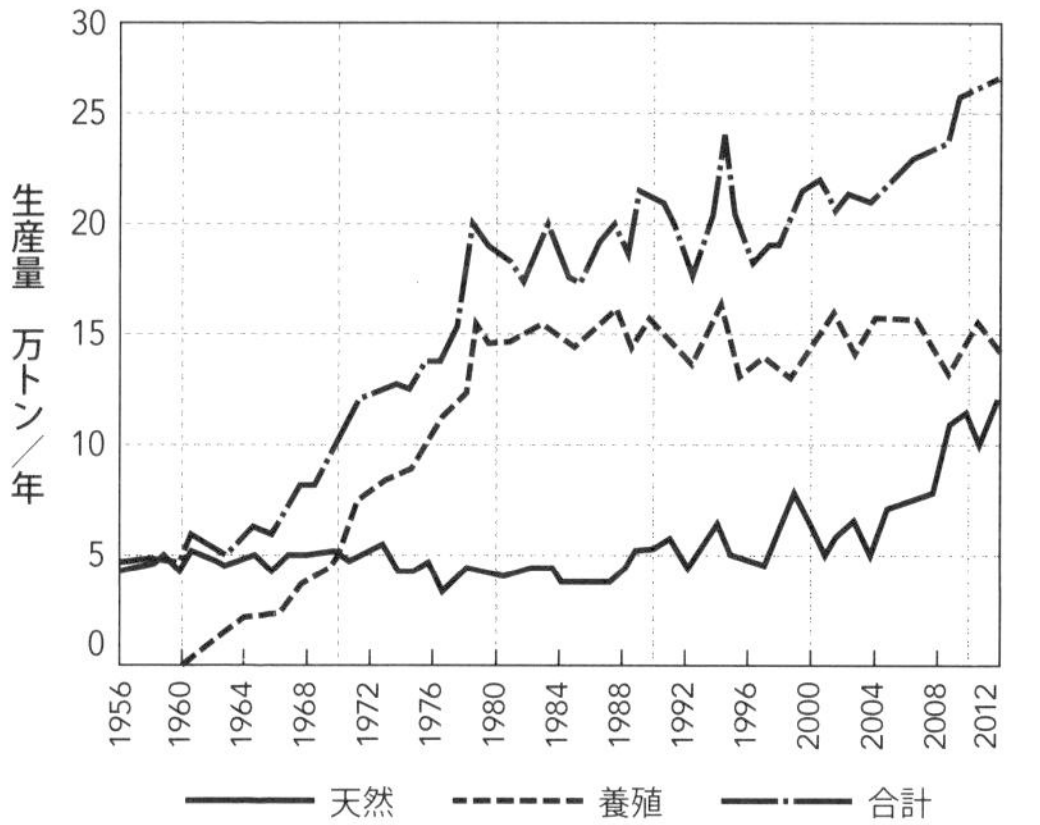

農林水産省：海面漁業生産統計調査（各年度）

県などの冬の水温の高い地域に集中しています。

天然のブリも含めて、ブリ類の生産量は西日本に偏っていますが、消費はどうなっているでしょうか。

図2にブリ・マグロ・サケの三魚種について、地方別に消費量（世帯当り支出金額）をレーダーチャートで示しました。この三魚種の内、サケのチャートは円形に近く、その消費量の地方差があまり大きくないことを示していますが、ブリの消費は、北陸・西日本で旺盛であり、マグロ類の東日本消費型とは対照的に北陸・西日本消費型といえます。さらに、全国の都道府県庁所在都市および政令指定都市（計五二都市）を、世帯あたりブリ支出年額（二〇一四年）の順に並べてみると、上位から順に、富山市・金沢市・長崎市・山口市・佐賀市などの北陸以西の都市が並び、関東・東北・東海の都市は、二〇位以内には全く入りま

図2　地方別魚種別一所帯当たりの消費金額

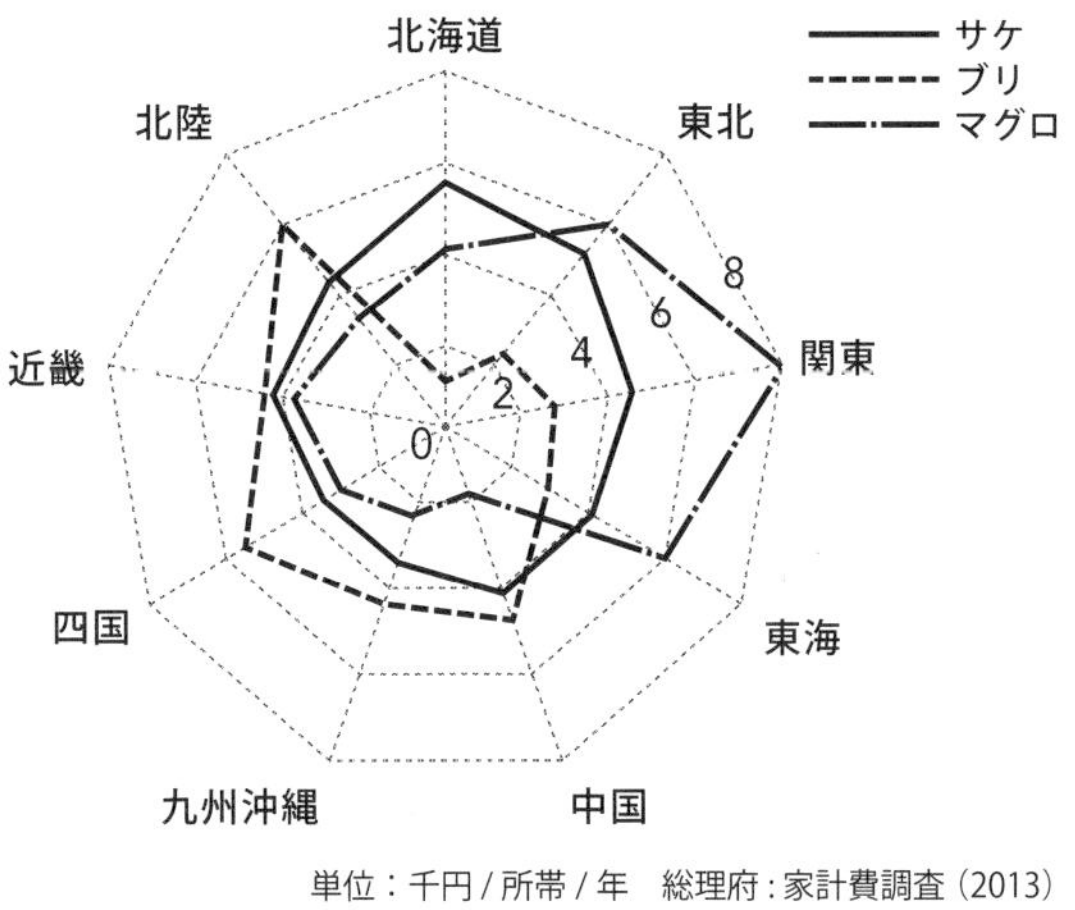

単位：千円 / 所帯 / 年　総理府：家計費調査（2013）

せんでした。

日本列島は、西のブリ文化圏、東のサケ文化圏に分けられます。この文化圏の区分は、年取り魚（大晦日に、歳神様を迎えるためのお供えの魚）として、西日本ではブリ、東日本ではサケを用いることに由来しています。この文化圏の区分は江戸時代末期までにほぼ定着したと考えられます。**図2**に示したようなブリ消費量の地域差は、この文化圏の食習慣が、明治維新に伴う文明開化や、戦後の高度経済成長に伴う生活様式の変化などを経ても、その影響力を現在に残していることをうかがわせます。

もっとも、古い習慣がそのまま残っているわけではなく新しい側面もあります。最近の既婚女性数千名を対象にした、普段の日と休日に食べる魚についての聞き取り調査は、普段の日とハレの日に最もよく食べる魚として、普段の日にはサケ、正月以外のお祝いの日にはマダイ、正月はブリを挙げています。年間消費量のレベルでは、前述のように、東日本でのブリの消費はまだまだですが、正月に食べる魚についてはは、サケ・ブリ文化圏の区分がルーズになりつつあることを示唆しているのではないでしょうか。

2 成分とその食味

(一) ブリの脂質含量と旬

ブリの幼魚（体重一〜二キログラム、関西でいうハマチ）と成魚（体重約六キログラム、関西でいうメジロ）について、養殖―天然別、背肉―腹肉別に、周年にわたって脂質含量を測定した結果を**図3**に示しました。

この図から明らかなように、ブリ肉の脂質含量は、周年にわたって背肉より腹肉に多く、天然ものより養殖ものに多い傾向が認められました。また、季節的な変動を見ると、どの試料グループでも脂質含量は春から夏に低下し、晩秋から初冬にかけてピークに達する傾向が認められました。

旬は広辞苑によると、「魚介・野菜・果物などがよくとれて味の最もよい時」を指すとあります。

魚介類では、一般的に、産卵に備えてたっぷり餌を摂って体成分が充実し脂ののる時期、つまり産卵期ないしその少し前の時期に、〝味の最もよい〟時期を迎えることが多いようです。ブリの場合、産卵期は春（東シナ海では二〜三月、九州西方海域では四〜五月）です。孵化した仔魚は成長して、三、四年後には成魚になって産卵に参加します。その成長過程で、ブリの栄養状態を反映する筋肉の脂質含量は、春期には低水温による摂餌量の減少と産卵による消耗のために減少し、夏期から秋期には摂餌量の増加に伴って増大します。「冬のブリの体側筋は、脂をたっぷり含むが、脂がみなぎっているわりにまろやかな味がする。（中略）春には、産卵によって疲労の極に達したブリの筋肉は衰え、脂質が減って水分が増え、寒ブリの味を失い、その後、餌を追って回遊しながら、次第に体力を回復する」といわれています。

冬、日本海側では大陸高気圧が張り出して海が荒れると（冬の荒天は「ブリ起こし」と呼ばれます）、南岸沿いを南下するブリは、沿岸に敷設した定置網に、吹き寄せられるようにごっそり入ることがあり

図3　ブリ筋肉脂質含量の季節的変化

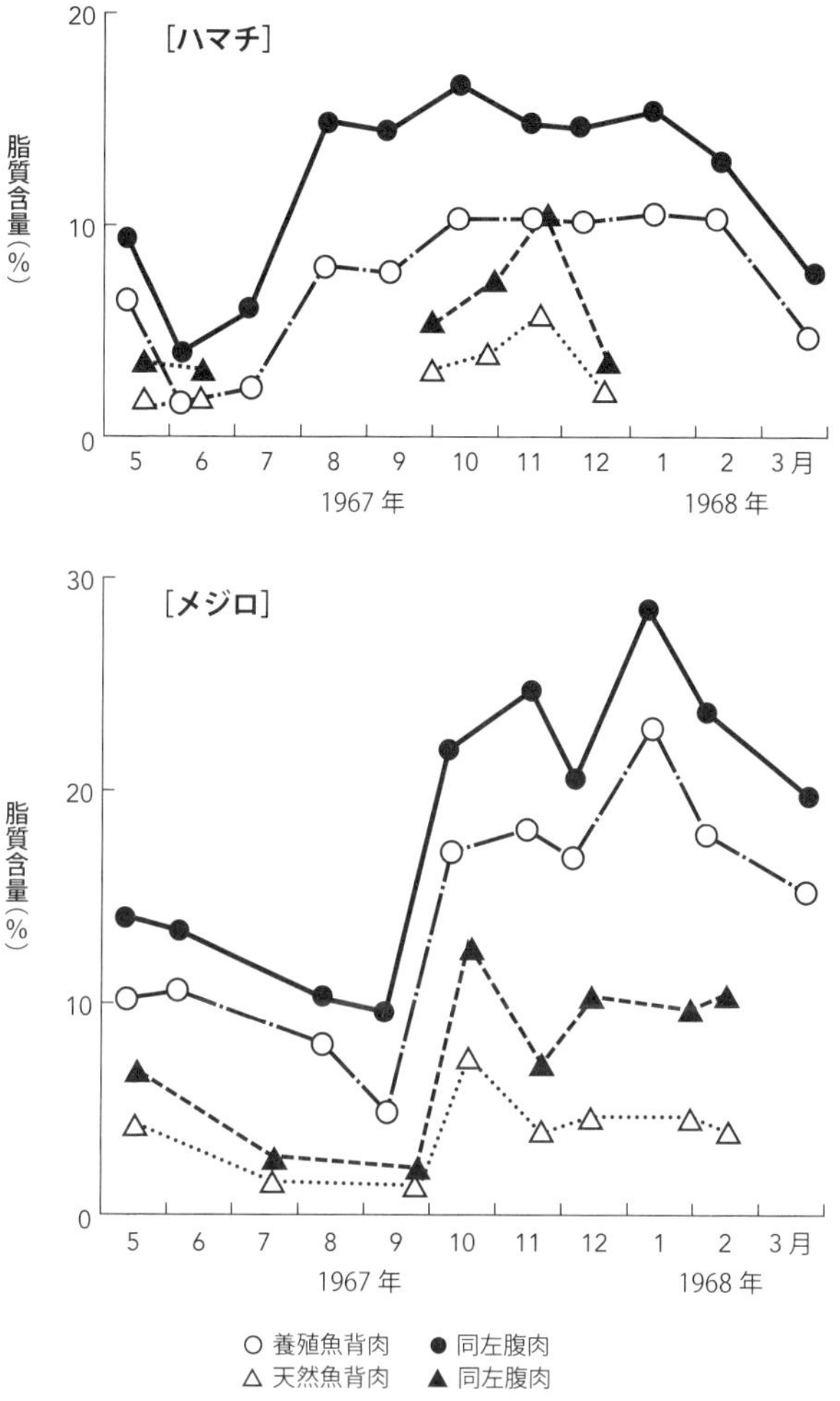

志水　寛・多田政実・遠藤金次：日水誌, **39**, 993-999 (1973)

ます。江戸時代からブリの産地として名の高い出雲・丹後・越中などは、いずれも日本海側に位置していて、往時から、産卵を控えて脂ののった大ブリが冬期にまとまって獲れました。この冬のブリが、旬の二条件、〝よくとれ〟と〝味の最もよい〟を満たしていることはいうまでもありません。

ところが、体重一～二キログラムのブリ幼魚（関東のワカシ・イナダ、関西のツバス・ハマチ、北陸のツバイソ・フクラギなど）の場合は事情が異なります。脂質含量は、成魚よりやや早く夏が終わる頃に急増し、食味もこの時期においしくなり、寒ブリの脂ののったまろやかなおいしさとは異なる、さわやかなおいしさが賞味されます。富山県のフクラギとブリの漁期は、前者が八～一二月（ピークは九月）、後者が一一～三月（ピークは一二月）です。よく獲れる時期が二～三カ月ほどずれています。この時期とは異なり、漁獲のピークはフクラギでは晩夏ないし初秋、ブリでは冬です。ブリの幼魚であるフクラギの場合（関西のツバス・ハマチも同様）は、おいしくなる時期からも、獲れる時期からも、夏ないし初秋に旬を迎えると判断するのが妥当なようです。

養殖ものは、メジロもハマチも、秋から冬にかけて脂質を蓄積しますが、天然もののように「脂がのっておいしい」と評価されるのではなく、「油っぽい」と貶され勝ちであり、味の最もよい時期を特定することができませんでした。その上、養殖ものはその気になれば何時でも獲れるので、よく獲れる時期があるとはいえません。養殖ものは、脂質含量の季節変動は認められますが、脂質含量の多い時期を旬と判断することには逡巡せざるを得ません。養殖ものには旬がない、と判断する以外になさそうです。

(二) エキス成分とブリの味

魚介類の筋肉成分のうち、タンパク質・多糖類・脂質を除いた、水溶性の低分子化合物がエキス成分です。魚の味(少なくともそのだし汁の味)は、このエキス成分の組成で決まるといっても過言ではありません。

ブリ肉のエキス成分を詳細に分析し(**図4**)、呈味の上で各エキス成分が果たす役割をオミッション・テストによって検討した結果では、有機呈味成分は、イノシン酸と一部の遊離アミノ酸(グルタミン酸、ヒスチジン、α‐アミノ酪酸、α‐アミノアジピン酸、β‐アミノイソ酪酸、γ‐アミノ酪酸)―以後、カッコ内のα‐アミノ酪酸以下の四種類をまとめてACと略記―であるとされています。

図5は、ブリの味を構成する上で、これらの呈味成分が果たしている役割の概念図です。イノシン酸とグルタミン酸がブリの味の主役に相当するうま味を担当し、この二成分以外の呈味成分のうち、それ自身は味をもたないが、含量の非常に多いヒスチジンは「コク」を、含量の少ないACは「魚らしいフレーバー」を、Mg^{2+}を含む無機塩類は「重量感」を、それぞれ主役であるうま味に付加しているのです。

ここに挙げた呈味成分以外にも、カルノシンなどのジペプチドや、多糖類のグリコーゲン、ゼラチン、脂質なども「コク」を付加しているようです。

近年、食べ物の風味についての研究が盛んであり、特に食べ物の風味と「口中香」との関係について、多くの注目が集まっています。前述したブリの微量呈味成分ACは、それを欠くと魚らしい風味が消失

図４　ブリ筋肉のエキス成分組成

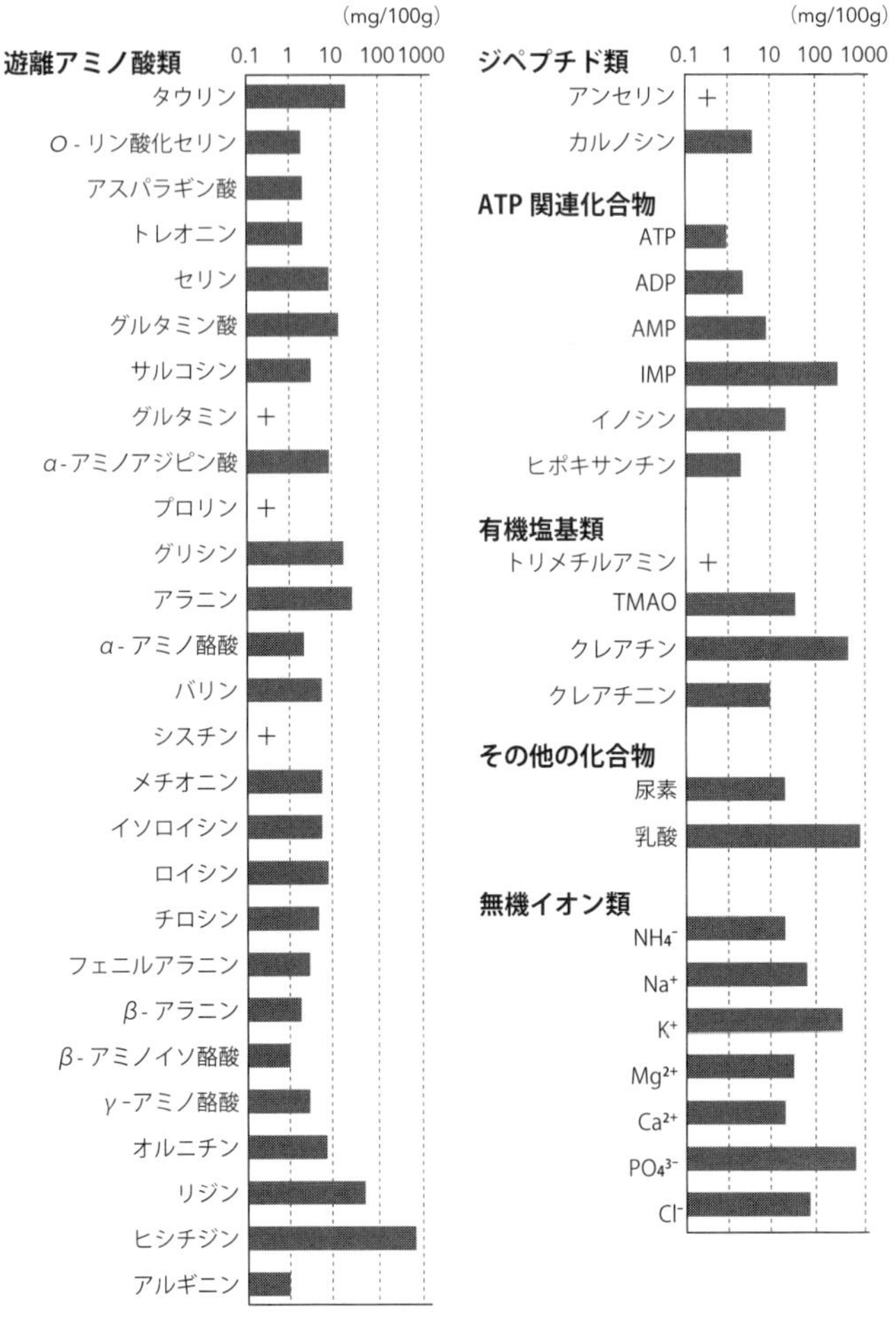

ATP：アデノシン三リン酸，ADP：アデノシン二リン酸，AMP：アデニル酸，
IMP：イノシン酸，TMAO：トリメタルアミンオキシド

することから、何らかのメカニズムを通じて、このACは「口中香」に関わっていると考えられます。

3 養殖のブリは天然ものとどこが違う？

養殖ブリは、今ではその生産量が天然ものを超え、社会的に十分過ぎるほど認知されていますが、必ずしも天然ものと全く同じ食品として評価されているわけではありません。

養殖魚の評価が低い理由として、一般には「油っぽさ」や軟弱な肉質を、料理人や流通業者などは〝養殖もので困るのは、少し古くなると使いものにならないこと〟を挙げますが、ブリは養殖と天然で何がどう違うのでしょうか。

図5　ブリ筋肉エキス中の主要な呈味成分と呈味上の役割

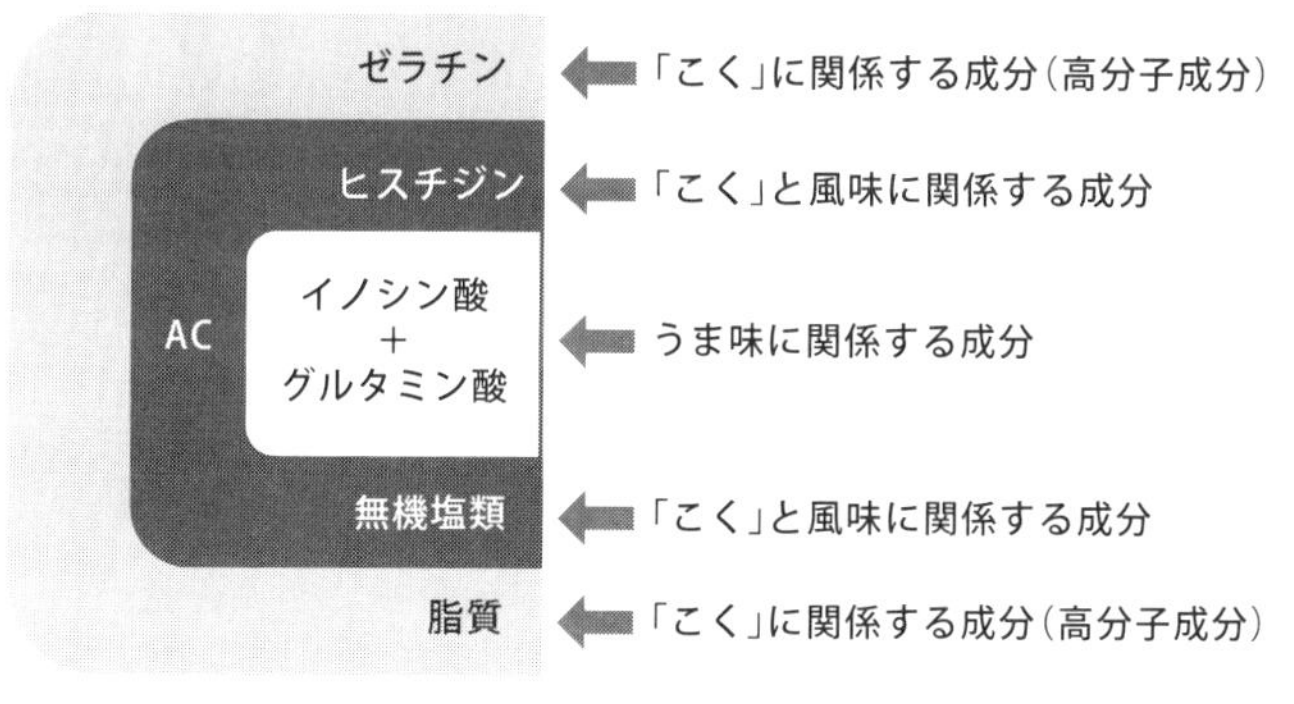

坂口守彦「あれもうまい、これもうまい水産物」
水産振興、第587号、1-64（2016）

(一) うま味

上記のように、魚肉のうま味の基本的部分は、遊離グルタミン酸(Glu)とイノシン酸(IMP)の魚肉中の濃度によって決まります。この両者は、魚の死後、変化しますが、多くの場合、Gluはゆっくり増加し、IMPはかなり速やかに減少する傾向にあります。そして、前者の増加より後者の減少の方が有効に働いて、うま味は次第に失われることになります。このIMPの減少速度を養殖と天然で比較した研究によると、養殖ブリのIMP減少速度は、部位にかかわらず、天然ブリのそれを約三〇パーセント上まわっています。養殖のブリが古くなると使いものにならなくなる理由の一つはここにあります。

(二) 肉　質

天然ブリに比べて、養殖ブリは脂っぽく肉質が軟弱であると一般にいわれています。狭い生け簀網の中で、泳ぎ回らなくても十分過ぎるほどの餌を貰って育つ養殖ブリは、人間でいえば運動不足と過食による肥満体です。脂肪タップリで筋肉がブヨブヨしていて当然です。いくつかのテクスチャー特性を養殖と天然で比較した研究は、養殖ブリは天然ブリよりも軟らかく、弾力がなく、ねっとり感が強いことを明らかにし、軟らかく締まりがないという一般的な評価を肯定しています。

養殖ブリの軟弱な肉質は生簀養殖の始まった頃からの課題であり、餌料や飼育方法の改良によって、ある程度改善されてきているのですが、未だ道遠しの感はぬぐえないようです。色やにおいにも、解決するべき問題が多く残されているようです。

4 ブリの料理

今では、ブリといえば、まず、刺身か「にぎり」のすしダネです。ほかにも煮物・鍋物・焼き物（塩焼きもあるが代表的なのは照り焼き）・揚げ物（竜田揚げやから揚げ）、さらに「かぶらずし」のような漬物と、ブリ料理は多彩です。養殖の鮮度のよいものが入手しやすいので、ブリの「しゃぶしゃぶ」やカルパッチョ（イタリア風生肉料理）もポピュラーになりつつあります。しかし、鉄道もなく冷蔵庫もなかった時代には、日持ちするように塩ブリにしてから運ぶのが普通であり、かつての年取り魚としての寒ブリも無塩《ぶえん》ではありません。適用できる料理の種類は限られることになります。

ここでは、ブリ料理についての詳細は専門書に譲ることにして、誰もが知っているいささか古風なブリ料理2点について、コメントを加えるだけに止め、この章を終わります。

(一) ブリ大根

ブリ大根は、農水省の農山漁村の郷土料理百選（二〇〇七年）に富山県の郷土料理として選ばれていて、ブリのアラを大根と一緒に煮付けたものです。もっとも、最近の料理書によると、ブリ大根には、アラよりも切り身を使うことが多いようです（**写真１**）。

もともとは貴重なブリを利用しつくすために工夫された庶民料理であり、臭みを抜くために、アラの下処理段階で、塩を振ったり、熱湯処理したりすることや、煮る段階で生姜を加えることが、この料理作りのポイントです。

京都では祝儀魚のブリは、正月に欠かせません。その大きい身をさまざまに料理して楽しみ、食べ残ったアラを聖護院大根と炊いた「ブリ大根」をつくります。特に「骨正月」（一月二十日）には、この「ブリ大根」がメインディッシュになったものです。

野菜の側から見ると、大根は味の濃厚なブリや豚肉との相性がよく、なぜか、カブは淡白な味の白身魚とよく似合います。ちなみに、聖護院大根は冬に欠かせない京野菜であり、煮ると軟らかく、味が滲み込みやすく、とろけるような口当りになるのが特徴です。

写真１　ブリ大根

(二) ブリの照り焼き

冷蔵庫のなかった時代、産地以外で刺身やにぎりずしとしてブリを食べるのは困難でした。京都で重宝された日本海産の寒ブリも、もちろん塩ブリであり、料理法も限られていました。味が濃厚で、魚臭のやや強いブリがふつうでしたので、醤油をベースに味醂(または日本酒と砂糖)を配合したタレを塗りながら焼く〝照り焼き〟が合ったのでしょう。「おばんざい」(京都の惣菜)やお節料理では、ブリといえば照り焼きが最もポピュラーでした(**口絵写真5・1**)。

参考図書

松本市立博物館編・市川建夫監修:鰤のきた道、オフィスエム(二〇〇二)

紀文食品:お正月に関するデータベース—家庭の魚料理調査—(二〇一〇~二〇一一年実施)

岩井 保:旬の魚はなぜうまい、岩波書店(二〇〇二)

坂口守彦:どんな魚がうまいか、成山堂書店(二〇一二)

松本美鈴:養殖、八月号、六三–六五(二〇〇二)

6章 クジラ

坂口守彦

クジラ「鯨」は哺乳類ですが、むかしは魚の一種とみなされていて、旁の京は「巨大な」を意味しています。つまり、クジラは巨大な魚だというわけです。クジラとは成長したときの体長が四メートル以上のものと定義されています。現在では世界の海で八三種類がみとめられていて、一般に食用の対象になっているのは、このうち一三種ほどです。この章では、鯨肉食や捕鯨の歴史、鯨肉の栄養成分や料理、そのおいしさなどについて述べることにします。

1 鯨肉食と捕鯨の歴史

古くから人類の食料として利用されていたらしく、わが国でも、方々の縄文時代の貝塚から骨が見つかっています。そのころクジラは捕獲した現地で大部分が消費されていましたが、やがて方々へ出まわるようになりました。とくに和歌山、高知、三重、北九州などでは捕鯨が盛んで、鯨肉は京都・大阪方面へも運ばれました。室町時代も後期（一五世紀後半）になると、京都では鯨肉料理が出現しました。

このことは京で編纂された四條流庖丁書（一四八九年）に見ることができます。当時はほとんど貴族など一部の人たちの口にはいるだけでしたが、やがて徐々に庶民の食卓にも上がるようになっていったようです。

当初はクジラの利用用途は肉そのものよりも、むしろ燈明などのための油や工芸品を作るための髭の採取が主なものでした。江戸時代になると、漁法が進歩して、さまざまな種類のクジラ（セミクジラ、ザトウクジラ、マッコウクジラ、コククジラ、イワシクジラなど）が多く捕獲されるようになりました。これらクジラは肉だけでなく、内臓も食用として利用されるようになりました。しかし、江戸では鯨肉食はあまり一般に浸透せず、多く出まわったのは主に関西を含む西日本で、多くは塩蔵品としてもちこまれたようです。

その後、鯨肉の需要はわが国全体で徐々に増加し、そのため一九三四年（昭和九年）には日本も南極海の捕鯨に参加するようになりました。なんといっても鯨肉の消費量が飛躍的に増大したのは終戦後からで、とくに終戦直後の食料難の時期には、南極海で捕獲したクジラは国民の貴重なタンパク源となりました。その影響でしょうか、現在でも竜田揚げ（**写真1**）をはじめとして各地にさまざまな鯨肉料理が残っています。しかし、一九五五（昭和三〇年）〜一九六五年（昭和四〇年）をピークに消費は下降の傾向をたどりはじめ、つい最近まで鯨肉の流通は停滞して、三千〜四千トンにもおよぶ在庫を抱えていました。その原因の一つは、近年では国民の嗜好性が牛肉、豚肉、鶏肉など畜産動物に由来するタンパク食品の方へ集中するようになり、鯨肉への好みが相対的に低下したためとおもわれます。

現在では鯨類の捕獲をめぐって、捕鯨を支持する国とこれに反対の立場をとる国があり、世界的な論争がつづいています。とくにわが国が過去に実施してきた商業捕鯨については国際的な反対論が強まり、一九八六年には南極海での商業捕鯨を全廃せざるをえませんでした。その後、日本は一九八七年から南極海で、一九九四年から北西太平洋で捕獲数を限定した調査捕鯨を始め、捕獲したクジラの肉などの部位は市販されていました。しかし、二〇一〇年にはこれも調査ではなく、「実態は商業捕鯨だ」として提訴され、これを受けて国際司法裁判所は二〇一四年三月に「科学目的と言えない」との判決を下し、南極海での調査捕鯨の禁止を命じました。

こうして鯨肉供給の進路が断たれたため、現在では前記のような多量の鯨肉の在庫は減り、今では他国（アイスランドやノルウェー）から輸入までされるようになっています。このことは現在わが国における鯨肉の消費自体が衰退してしまったのではないことを示しています。そこで最近になって、南極海でミンククジラのみを対象とした調査捕鯨が再開され、平成二七年度は三三〇余頭を捕獲しました。

2 鯨肉に含まれる栄養成分

鯨肉が戦後における日本人の栄養補給に役立ったことから、鯨肉には多くの栄養成分が含まれていることはよくわかります。実際に鯨（ミンククジラ）肉と牛肉、豚肉などと栄養成分を比較したデータをみてもこのことを納得できます（**表1**）。とくに鯨肉中のコレステロール含量は、牛肉や豚肉よりもあきらかに低く、一方、鉄の含量ははるかに多いことがわかります。

注目するべき点は脂質を構成している脂肪酸の組成で、パルミチン酸やステアリン酸などの飽和脂肪酸は畜肉に比べて大差はないのですが（**表2**）、不飽和脂肪酸のうちエイコサペンタエン酸（ＥＰＡ）やドコサヘキサエン酸（ＤＨＡ）などの高度不飽和脂肪酸は、畜肉と比べるとはるかに多いことがわかります。これらの高度不飽和脂肪酸は一般に魚肉に多く含まれることは以前から知られており、人体にとって嘘血性心疾患、脳卒中、がんなどの予防や記憶学習能の向上など多くの薬理効果をもたらすといわれています。

鯨肉は他の食肉と比べて、ペプチドとくにジペプチドの含量が多いことが知られています（**表3**）。赤肉の部分（**口絵写真6・1**）に豊富に含まれるジペプチドはバレニンと呼ばれ、鯨肉に特有の成分です。最近ではこの物質は抗疲労効果をもつこともわかっていますし、さらに生活習慣病の予防だけではなく、アトピーなどのアレルギー症状の軽減にも役立つとされています。

3　部位の特徴とクジラ料理

一般に食用の対象になっているクジラのなかで、マッコウクジラ、ツチクジラなどのハクジラよりも

表1　牛肉、豚肉およびクジラ肉に含まれる主な栄養成分(g/100g)

成分	牛肉 かたロース	豚肉 かたロース	ミンククジラ	
			尾肉	赤肉
水分	60	64	72	73
タンパク質	18	18	24	25
脂質	20	17	3	1
灰分	0.9	0.9	0.9	0.9
糖質	0.3	0.2	0	0
エネルギー※1	270	233	132	116
リン※2	140	170	137	186
鉄※2	2.3	4.3	5.6	8.5
カルシウム2※	5	11	5	4
ビタミンA※3	33	30	30	0
ビタミンB_1※2	0.1	0.1	0.1	0.1
ビタミンB_2※2	0.2	0.2	0.2	0.2
ナイアシン※2	3.8	5.8	7.8	9.7
コレステロール※2	65	65	37	40

※1 kcal，※2 mg，※3 IU
鈴木たね子：ミンク鯨肉の栄養上の特性，勇魚，No.8，2-5（1993）

表2　牛肉、豚肉およびクジラ肉に含まれる主な脂肪酸の組成※1 (g/100g)

脂肪酸	牛肉 サーロイン	豚肉 ロース	ミンククジラ	
			尾肉	赤肉
飽和脂肪酸				
パルミチン酸	28.4	28.4	15.8	16.9
ステアリン酸	11.2	13.5	2.7	4.2
不飽和脂肪酸				
オレイン酸	47.7	44.9	25.4	26.9
リノール酸	1.5	7.3	2.3	2
リノレン酸	0	0.5	0.5	0.5
EPA※2	0	0	12.8	9.9
DHA※3	0	0	8.2	6

※1 脂肪酸総量中の重量（%）　※2 エイコサペンタエン酸　※3 ドコサヘキサエン酸
鈴木たね子：ミンク鯨肉の栄養上の特性，勇魚，No.8, 2-5（1993）

シロナガスクジラ、ナガスクジラ、イワシクジラ、ミンククジラなどのヒゲクジラのほうが肉にクセがなく、おいしいといわれています。

クジラはサイズが大きいだけに、各部位（**図1**）にはさまざまな特徴があり（**表4**）、それぞれ有効に利用されています。料理には多くの種類がありますが、主なものは刺身、ステーキ、おでん、汁もの、鍋もの、揚げもの（竜田揚げ、カツなど）、煮もの、和えもの（酢みそ和え）などです。なかでも竜田揚げ（**写真1**）は今でも広く愛好され、しばしば巷でみかけます。主要な加工品の一つに皮くじら（塩くじらともいわれる）があります（**写真2**）。これは皮を塩漬けしたもので、くじら汁や煮ものに使用されます。「ころ」は皮や舌の部分を揚げたのち油を絞った残渣を乾燥させたもの（**写真3**）、「さらしくじら」は塩漬した尾びれを薄く切って熱湯をかけ、冷水でさらしたもので、通常酢みそで食べます。なお皮くじらも同様に調理することができます。缶詰（おもに赤肉の大和煮）もよく知られています。また、ベーコンは畝須《うねす》の部分を塩漬けしたのち燻製し

図1　クジラの部位と名称

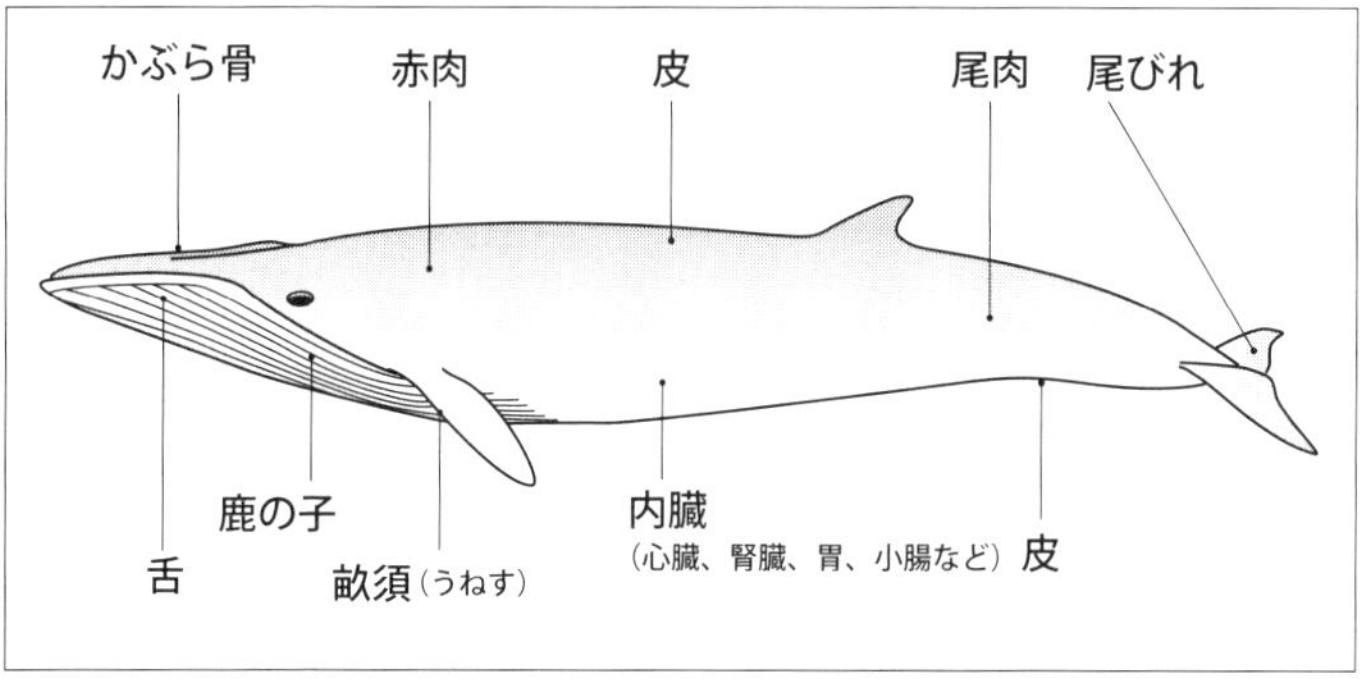

表3　クジラ（イワシクジラ）赤肉に含まれるエキス成分（mg/100g）

遊離アミノ酸※1	0＜12
クレアチン＋クレアチニン	333
尿素	68
イノシン＋ヒポキサンチン	18
イノシン酸	108
アデニル酸	31
アデノシン二リン酸	39
アデノシン三リン酸	58
カルノシン※2	131
アンセリン※2	6
バレニン※2	1840

藤田眞夫：脊椎動物の含窒素化合物，魚介類のエキス成分，坂口守彦編，恒星社厚生閣、25-43（1988）　※1 グルタミン酸などを含む，※2 ジペプチド

表４　主な部位とその特徴

部位名	別名*	特徴
舌	せせり，さえずり	全体に脂質が多く，「ころ」に加工することがある
尾びれ	おば，おばけ	主に脂質とゼラチンからなる
尾肉	尾の身，えび尾	霜降り肉で，主として刺身やステーキに用いられる
皮	本皮	表皮とその下方の脂肪層のことで，刺身のほかに「ころ」や「皮くじら」に加工する
赤肉	赤身	背肉，腹肉などの脂質の少ない部位で、採取量が最も多い
畝須（うねす）	うね	ひげくじらの下あごから腹にかけて凹凸のある（縞模様がある）部分で，ベーコン材料として利用する以外に，茹でたのち食卓にあげる

＊この他にも多くの別名が知られている

たもので、表面が赤く着色されていることが多いので、すぐにそれとわかります。通常は薄切りしたものを軽く火であぶるなどして食べます。

4　鯨肉のおいしさ

一般に食品のおいしさに関係するのは、そこに含まれているエキスです。これまでに鯨肉エキスの成分組成を明らかにしたものは多くないのですが、イワシクジラ赤肉のデータをみると、遊離アミノ

写真１　赤肉の竜田揚げ

写真２　皮くじら

写真３　皮くじらから造った「ころ」

酸、クレアチン、クレアチニン、尿素、核酸関連物質、ジペプチドなどが多く含まれていることがわかります（**表3**）。このエキスの組成からみて、グルタミン酸は肉一〇〇グラムあたり一ミリグラムしか含まれていませんが、イノシン酸が一〇八ミリグラムも含まれているので、これらの呈味成分は相乗作用によって鯨肉に十分なうま味を与えているとおもわれます。

前述のとおり、イワシクジラでは量的に多いのはジペプチドのバレニンですが、これがどの程度呈味に寄与するのか明らかにされていません。興味深いことに、カツオ節では呈味に寄与するのは多量に含まれているアンセリン（ジペプチド）ではなく、これよりもはるかに少ないカルノシンであるとされていますので、鯨肉でも量は少なくてもこの物質の作用を無視できない可能性があります。

鯨肉には独特の風味があります。そのため今でも青少年の時期に学校給食などで食べた味を忘れることができない、とする中高年者は全国的に少なくありません。この特異な風味がどのような成分に由来するのか、今後の解明を待たなければなりません。

京は海辺から遠くへだてられているため、海の産物には縁遠かったのですが、それでも一部の海産魚とともにクジラも京の町に早くから出まわっていて、前記の皮くじらやころなどは汁ものや煮ものの具材にしばしば使われてきました。「はりはり鍋」はその一例。これは鯨肉とミズナ（京ミズナ）を使った鍋料理です。ポン酢をつけてミズナのシャキシャキした触感を楽しむことができます。こうして、京の人びとはクジラの味にはいまでも親しみをもっているようです。

参考図書

松浦 勉・越智信也・西岡不二男・村田裕子編：捕鯨と鯨食、魚食文化の系譜、雄山閣（二〇〇九）
山澤正勝・関 伸夫・奥田拓道・竹内昌昭・福家眞也：水産食品の健康性機能、恒星社厚生閣（二〇〇一）
岡田 哲編：日本の味探求辞典「京都」、東京堂出版（一九九六）
坂口守彦編：魚介類のエキス成分、恒星社厚生閣（一九八八）
山野善正編：おいしさの科学、朝倉書店（一九九四）
池田弥三郎・長谷川幸延：味にしひがし、土屋書店（二〇〇七）
西川正純：魚食とＤＨＡ・ＥＰＡ、水産振興、第五八五号（二〇一六）

7章 京・近江の川魚

牧之段 保夫

山河襟帯《さんがきんたい》の京都市は、東・北・西の三方を緑豊かな山並で囲まれ、東域では鴨川が、西域では桂川がそれぞれ北から南へと流下し、南域では琵琶湖からの宇治川が西への流れをとっています。下鳥羽で鴨川を合流した桂川は、やがて京都・大阪の境界付近で宇治川および木津川と合流して大河淀川となり、大阪湾へ注いでいます。宇治川流域にはかつて湖を思わせるほどの大きな巨椋池《おぐらいけ》がありました（**図1**）。

京都（市）は瀬戸内海から約五〇キロメートル、日本海からは約七五キロメートルの内陸に位置し、輸送力の未発達な明治時代までは新鮮な海の魚に恵まれませんでした。ただ、朝廷をはじめとする貴族など一部の特権階級の人たちは、比較的新鮮な海の幸を口にする楽しみもあったのではと思われます。事実、「類聚雑要抄《るいじゅうざつようしょう》」には、一一一五年、平安時代後期の永久三年、しかも七月に、ときの関白藤原忠実が京都で開いた祝宴の献立の図に、「鯛《たい》」、「鱸《すずき》」の鱠《なます》が描かれていて（**図2**）、海産の鮮魚が京都でも食べられていたのをうかがうことができるのです。

新鮮な海の幸を求めにくかったかつての京都ではありましたが、いろいろな川魚には恵まれていました。市中を流れる幾多の河川や巨椋池、豊かな生態系を育む琵琶湖を背にもつ地の利のためであります。この新鮮な川魚を使えることもあって、京都ではいろいろな川魚料理が生まれました。以下、京都を流

図1　いにしえの京都(『歴史を読みなおす6』を参考にした)

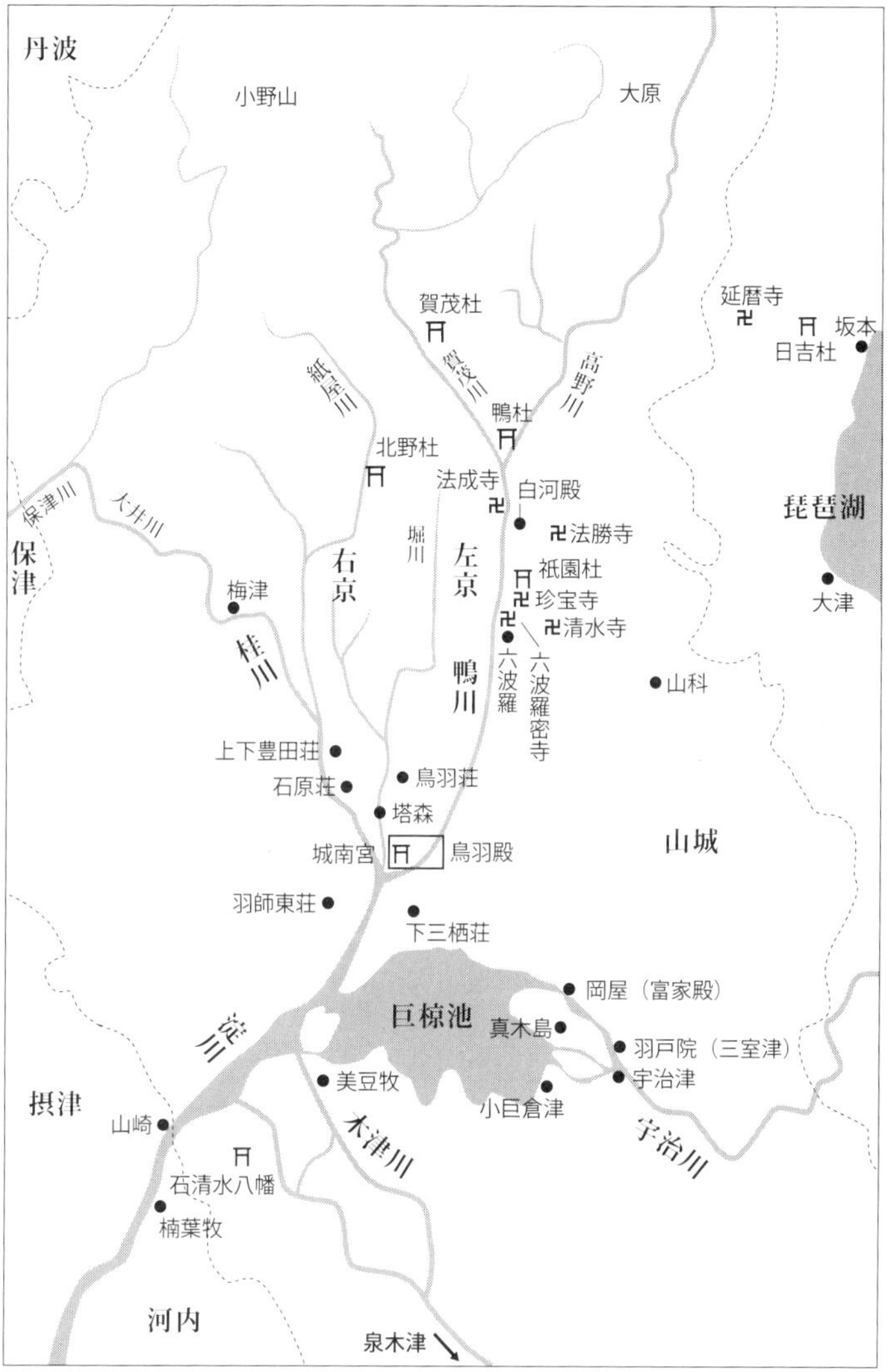

れる幾つかの代表的な河川および琵琶湖について、そこに棲む川魚の今昔と川魚料理について述べたいと思います。

1　京都の川と琵琶湖

(一) 鴨川

三条大橋や四条大橋が架かる、観光客にも親しまれている大きな川です。市内を流れる川だけに流れは戦後工場排水などで汚染され、魚も姿を消した時期がありました。しかし、近年水質の回復は進み、アユ、フナ、コイ、ナマズ、ウナギなど多くの魚が認められるようになったといわれています。毎年四月には四条大橋のやや下流域で稚アユが放流され、また流れを横切るように「大きく育て鴨川の鮎」（鴨川友釣りの会）と記した横断幕を目にすることもあります。

図２　平安時代のある宴の料理の図

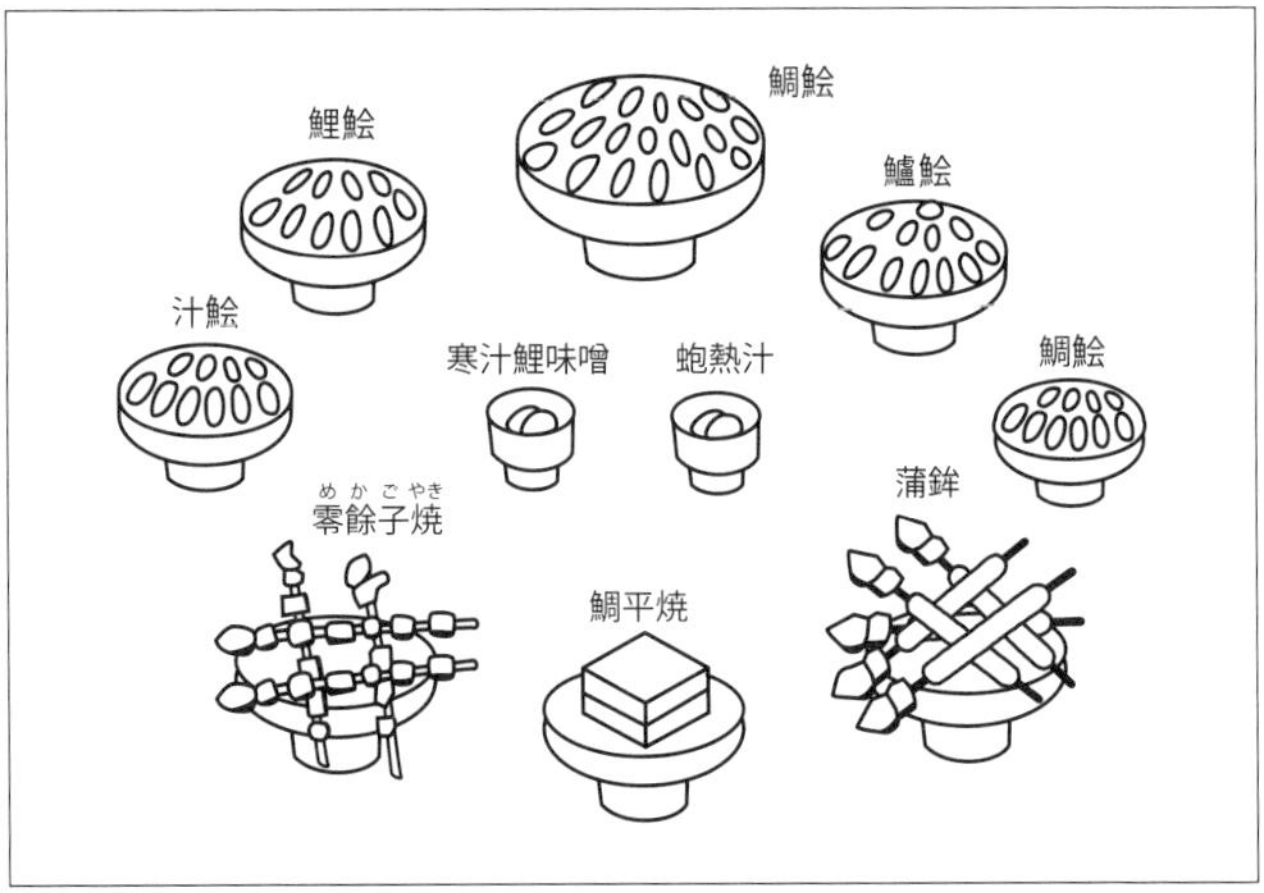

白川法皇（平安時代後期）も嘆かれたように、鴨川は古来氾濫を繰り返す暴れ川でありました。しかし、普段は静かな浅い流れで古代から漁も行われていました。室町時代後期の洛中洛外図屏風（上杉本）には五条大橋の下流域で鵜飼をする鵜匠、また上流域では叉手網《さであみ》や引き網で、「河狩り」と称するアユ漁などをする漁師たちが描かれています。水深は足首ほどですが、水浴びに興じる人も見られます。この図は当時の鴨川が清流で、魚も豊かであったことを示しているものと思われます。

(二) 桂　川

京都の名所、渡月橋が架かる桂川は、古来アユの名産地として知られています。平安時代には「桂鮎」として珍重され、朝廷への献上品でもありました。また藤原氏を始めとする多くの貴族たちは桂川沿いに別荘を営み、鵜飼を楽しみにしていたということです。時代祭でなじみの「桂女《かつらめ》」は、桂川のアユなどを洛中で売る女人の姿であります。古の庶民もまた桂アユを賞味していたのでありましょう。

アユ漁は今日も続いています。桂川のアユとしては上桂川産の評価が高く、京都の都市部に運ばれる名代のアユとは、京北地方では魚ケ淵から、上流の塔あたりまでのものとされています。特に香りがよいということです。

(三) 高瀬川

二条通の少し南から木屋町通の西側に沿って流れる川幅約七メートル、くるぶしを少し越えるほどの浅い川で、鴨川から水を取り入れています。

江戸期の一六一四年（慶長一九年）、角倉了以《すみのくらりょう》・素庵《そあん》父子によって京都・伏見間の水運のために開削された運河（当時の水深三〇～四〇センチ）で、産業河川として都の経済発展にきわめて大きな存在でありました。

江戸時代、三条通りから北の高瀬川右岸（西側）には、川辺の生簀に魚を湛え、コイ、スズキなど活魚を料理して都鄙の賓客をもてなす二階建ての料亭が並んでいたということです。明治時代には、四月中旬から五月にかけて、細くて小さなウナギの群れが、音を立ててこの高瀬川を遡ってきたとのこと。しかし現在、この川で魚を目にすることはほとんどありません。

（四）巨椋池

京都市の南部伏見区あたりには、万葉の太古からその名が知られた周囲約一六キロメートルに及ぶ巨大な巨椋池《おぐらいけ》が存在していました。しかし、古来度重なる水害から沿岸部を守るため池は改修を重ねられ、ついにはマラリア撲滅など環境衛生の抜本的対策として、一九四一年（昭和一六年）、池は干拓、農地に転化されました。

かつての巨椋池はいろいろな動植物の生息地として豊かな環境を育み、文人墨客をはじめとする多くの人々からその水郷風景が愛でられてきました。

琵琶湖淀川水系に属し、宇治川と通じていたことから、巨椋池は魚介類の豊かな池でありました。生息魚種はコイ、フナ、モロコ、ナマズ、ウナギなど約四五種、エビ類やスッポンも生息したほか、ドブガイ、タニシ、シジミなど全三六種の、琵琶湖に次ぐ多種類の淡水貝が生息する水域としても知られていました。

(五) 琵琶湖

周囲の高峰、一、〇〇〇メートル級の山々から流下する幾多の河川に育まれてきた琵琶湖。その最深部は一〇〇メートル余、水温は六℃ほどで、深層の低温層を好む魚から、表層の暖かい水温層を好む魚まで多様な魚介類を育んできました。魚類は五七種、貝類は四九種が生息し、これほど多くの種類が見られる淡水湖は日本では他に例を見ないといわれます。

魚介類にとって好適な生息の場であった琵琶湖の環境も、内湖やヨシ帯の消失、外来魚の繁殖、水草の繁茂、その他経済の成長とともに変化し、かつて一万トン以上（一九五五年、一万六一六トン）もあった漁獲量は二〇一五年（平成二七年）には、一千一四一トンにまで激減してしまいました。琵琶湖を代表する固有種のセタシジミ、ふなずしの原料魚・ニゴロブナ、小アユとして知られるアユ、琵琶湖の固有種イサザなど、いずれもピーク時の二分の一から一〇〇分の一にまで減っています。

これとは対照的にかつては見られなかったワカサギの漁獲量が一九九六年以降著しく増加しており、青森、北海道などとともに琵琶湖産ワカサギが市場を賑わすようになってきました。

2　川魚料理

白身魚の肉は赤身魚の肉に比べて水分が多く、脂肪、エキス窒素の量が少ないこともあり、その味は淡白です。川魚は白身魚であり、味があっさりしているのが特徴であります。

川魚は一般に海産魚に比べて鮮度低下が早く、魚臭も速やかに生成します。したがって川魚の料理は鮮度を争い、できれば活魚を使用することが望まれます。生臭い魚臭には、揮発性塩基類であるトリメチルアミンをはじめとするアミン類やアンモニアが係わっています。トリメチルアミンはトリメチルアミンオキシドが細菌酵素によって還元されて生じますが、後者は川魚にはきわめてわずかしか含まれていません。しかし川魚では、揮発性塩基類はアミノ酸などの含窒素化合物やヌクレオチドなどが、細菌などにより分解され生成します。コイからは異臭（精液臭）物質としてスペルミンなどのポリアミン類が検出されています。

近年、食品の多様化などを背景に滋賀県民、特に若い世代の湖魚への関心は薄らいでいるといわれます。しかし、故郷を湖国にもつ滋賀県民には、ふなずしや湖魚料理に対する愛着は根強いものがあります。一方、京都と川魚との係わりを見ますと、安土時代、京都で催されたある茶会での料理には、焼き物として「鱒」が、引き物に「鯉」、さらに「鮎」の鱠、「鮒」の吸い物などが並び、まさに川魚のオンパレードです。かつて京都では、料理で川魚が重要な位置付けにあったことを示すものでありましょう。

京都には今なお何軒もの川魚専門の魚屋があります。また江戸時代以降、三店《さんたな》魚問屋の一つとして栄え、今もその賑わいを引き継いでいる錦市場にも四軒の川魚専門店があります。京都と川魚料理との係わりの深さを今に伝えるものであります。

(一)コイ

平安時代以降、永らく都が内陸の地・京都に在ったこともあり、淡水魚のコイは古くから日本料理の素材として、最高のものと見なされてきました。

コイは、夏は「洗い」に、冬は「鱠」とし、その他「鯉こく」、「旨煮」など四季を通じて賞味されます。コイは鮮度落ちが早く、したがってコイ料理では活魚を使うのが原則です。コイ料理の基本は、泥臭さを除くために清水に入れて一〜二週間泥を吐かせてから活けじめにすること、「にが玉（胆のう）」を潰さずに取り除くこと、独特の癖があるので味噌を使うなど濃い味付けにすること、灰汁《あく》は丁寧に取り除くこと、などです。

「洗い」は刺身の一種です。素材の味を重視するまさに日本料理を代表するものの一つです。コイの生身を薄く切り、冷水で洗って縮ませて造ります（**口絵写真7・1**）。一般的には酢味噌を付けて食べられます。洗いが生じるには、筋肉の収縮エネルギー源であるATP（アデノシン三リン酸）の存在が必須で、暴れさせないよう、コイの扱いには注意が必要です。なお、コイは肉間骨というY字型の硬い小骨が多いため、骨切りする意味からも、あまり厚切りしないことが大切です。

「鯉こく」とはコイの濃漿《こくしょう》のことです。濃漿とは肉や魚などをよく煮込んだ濃い味噌汁のことです。肉食習慣が一般化するまで、特に海産魚に恵まれなかった地方では、庶民の重要な栄養源であったのです。江戸時代まではいろいろな魚で盛んに作られていたとのことですが、その後すたれ、現在では鯉こくのみが残っています。脂の乗った大きなコイをぶつ切りにして鍋に入れ、薄味噌仕立てで煮立てます。灰汁を引き、弱火で一時間ほど煮込みます。食べる前に新しく味噌を加えると一層風味がよくなるといわれています。コイの内臓を楽しむ料理でもあります。

(二) フナ

太古から食用とされていたらしく、各地の貝塚から骨が出土しているといわれています。江戸時代の書、「本朝食鑑」には「味は江州琵琶湖の鮒が第一である。信州諏訪湖の鮒も琵琶湖の産に近い」などと記されていて、フナは遠い昔から食されてきた魚であることを知ることができます。「ふなずし」の他に洗いにフナの卵をまぶした「子づくり」、「子持ちぶなの甘露煮」がよく知られている料理です。「ふなずし」は馴れずし(塩を振った魚とご飯を重ねて漬けて、発酵させたすし)の一種で、滋賀県の特産品の一つであります。京都の錦市場には専門店(魚重)もあり、京都もまたふなずし文化圏であるのでしょうか。

琵琶湖の固有種ニゴロブナを一カ月塩漬けした後、水洗して脱塩・風乾し、改めて米飯中に六カ月以上漬け込んで発酵させたものです。すしの発達史上最も原始的なタイプのすしであります。特有のにおいを放つとして知られていますが、ナチュラルチーズに親しむ人には薫り高い逸品として迎えられています。においの成分としては、有機酸として酢酸、プロピオン酸、らく酸、吉草酸が、揮発性塩基物質としてピペリジン、トリメチルアミンが検出されています。腐敗の目安である揮発性塩基窒素は三〇ミリグラム／一〇〇グラムに達し、腐敗初期の限界点にあります。フナの飯を拭いとり、改めて酒粕に半年以上漬け込んだものが甘露漬けです（京都市東山区　㐂多品）。初めての人にも食べやすくなっているようです。

(三) アユ

アユは優美な姿と独特の香気、上品なおいしさなどから、万葉の昔から多くの人々に愛されてきた川魚です。香魚といわれるアユを特徴づけるスイカのような香りは、従来、餌として摂る水ゴケ（硅藻類）によると考えられてきました。しかし、近年の研究によると、この生魚の香りにはアユ自体の体内脂肪の酸化生成物が関係しているということです。なお、天然アユは養殖アユに比べて遊離のグリシン、リジン含量がやや多く、低級ペプチドのアンセリンは三倍ほど多く含まれています。これらは天然アユの味に係わる要素の一つと考えられています。

アユにはいろいろな料理法があります。「塩焼き」、「昆布巻き」、「佃煮」、「氷魚《ひうお》のかま揚げ」、「背ごし」、「姿ずし」などです。

「塩焼き」はアユ料理の定番です。アユ自身の味と振り塩とが、炙り焼きでかもし出す風味は絶妙で、外部はパリッと焼き上がり、中身は程よく火が通って独特の食味となります。このとき炙り焼きの熱源は炭火とします。ガスを使えば乾燥しすぎて肉はパサつくといわれます。

「背ごし」は骨ごと食べるため、骨がまだ軟らかい七月いっぱいの若アユがよいとされます。京都の料亭での一般的手順は次のとおりです。

頭を打って締め、うろこを取ります。にが玉を切らないように頭と胸鰭を切り落とします。内臓を除き腹の中を綺麗に洗い、背びれ、腹びれを除きます。柳刃包丁で骨切りしながら薄く切ります。しゃきっと立つまで十分に洗って背ごしとします。ポン酢や酢味噌で食べられます。

(四) 鮴《ゴリ》

琵琶湖周辺では、ハゼ科の淡水魚ヨシノボリの稚魚をゴリ(ウロリとも)と呼んでいます。琵琶湖では七、八月頃の早朝、沖曳網で多獲される魚です。鮮度低下が速く、獲れて二時間が勝負とのこと。塩でゆがいて二杯酢で食べられるほか、つくだ煮も高い人気を誇っています。

「扇おしろい京都紅　また鴨川の鷺しらず　土産を提げていざ立たん　あとに名残りは残れども」と鉄道唱歌五三にも歌われているように、ゴリ(全長六センチほど)はかつて鴨川でも多獲されていて、その佃煮の「鷺しらず」はお土産とされるほどの京都の名物であったのです。鷺知らずは幕末からつくられていたともいわれ、食通で知られた北大路魯山人もこれのお茶づけを殊のほか愛した一人でした。しかし、網などに追い込む「ゴリ押し漁」(ゴリ押しの語源)の風景は、河川の汚染が進んだ一九六五年（昭和四〇年）頃から見られなくなりました。鴨川も清流を取り戻してきた現在、ゴリ漁の復活を目指し関係団体の動きも活発化してきました。

京都錦市場の川魚専門店には、これまでに述べてきた魚種やその加工品のほか、琵琶湖で漁獲された直後のいろいろな鮮魚や加工品が並んでいます。湖魚屈指の味わいを誇るという高級魚モロコ（ホンモロコ）の素焼きやつくだ煮、琵琶湖の固有種イサザとその豆煮、肉厚の身をもつ琵琶湖のブランド食品セタシジミ、あるいは体が透き通ったスジエビと伝統食のエビ豆、などであります。これらの詳細については他の文献をご参考いただきたいと思います。

参考図書

川本重雄・小泉和子編：類聚雑要抄指図巻、中央公論美術出版（一九九八）
白水重義：京の味覚え書、アリーフ一葉社（一九九七）
小澤　弘・川島将生：図説上杉本洛中洛外図屛風を見る，河出書房新社（一九九四）
朝日新聞社：歴史を読みなおす6　平安京と水辺の都市、そして安土　都市の原点（一九九三）
竹村俊則：日本名所風俗図会8　京都の巻Ⅱ、角川書店（一九八四）
巨椋池ものがたり編さん委員会編：巨椋池ものがたり、久御山町教育委員会（二〇〇三）
滋賀の食事文化研究会編：湖魚と近江のくらし、サンライズ出版（二〇〇三）
飯田　遥：水産食品の辞典（竹内昌昭他編）、朝倉書店（二〇〇〇）
田中国介・松井　裕：京の旨味を解剖する、人文書院（二〇〇四）

多紀保彦・武田正倫・近江　卓：食材魚貝大百科①エビ・カニ・魚類、平凡社（一九九九）
人見必大（島田勇雄訳注）：本朝食鑑3、平凡社（一九八二）
関口謹司：水産物便覧（柴　信一編）水産物団体懇話会（一九五七）
滋賀の食事文化研究会編：ふなずしの謎、サンライズ出版（二〇〇六）
平野敏行・章超樺：養殖30巻1号（一九九三）

8章 ウナギ

牧之段 保夫

ウナギは滋養強壮の食べ物として、太古より日本人に愛され、賞味されてきました。その料理は時を経て移ろい、今風の蒲焼が作られるようになったのは、江戸時代も後期、一七〇〇年代後半の明和から天明の頃と考えられています。

当時ウナギといえば天然ものを指していました。明治一二年、東京深川で服部倉治郎氏により開始されたウナギの養殖事業は、同三一年には浜名湖に移り継承され発展してきましたが、永きにわたりウナギの主流は天然ものでありました。昭和に入り、養殖ウナギの生産は天然ものを上回るようになりましたが、人が口にするウナギの大半が養殖ものになったのは、多くの地方で昭和三〇年代からといわれています。その後養殖ウナギの生産量は急上昇し、現在ではわが国のウナギ生産量（内水面漁業一六五トン、養殖業一万七千三七七トン（二〇一四年））の九九パーセントは養殖ウナギで占められるようになりました。

さて、ウナギといえば蒲焼と呼応されるほどに、蒲焼はウナギ料理そのものの感があります。このウナギの蒲焼、実は年間消費支出において、京都市は全国屈指の位置づけにあるのです。

本章では、蒲焼の調理に係わる二、三の知見、京都（市）の伝統的ウナギ料理やウナギにまつわる風習などについて述べてみたいと思います。

1　蒲焼への嗜好性の高い近畿地方

数多くのウナギ料理（後述）がある中で、圧倒的なウナギの料理形態は蒲焼であります。蒲焼は日本全国で食されているご馳走です。

総務省の家計調査（二人以上の世帯）によりますと、都道府県庁所在市および政令指定都市（川崎市、相模原市、浜松市、堺市、北九州市）別のウナギ蒲焼一世帯当たり年間支出額（二〇一三年〜二〇一五年の平均）で、京都市は浜松市（五千五一四円）に次いで二位（三千七〇五円）、全国平均（二千二二三円）の約一・七倍の消費額を示しています。また四七都道府県庁所在市別では、京都市をトップに大阪市が六位、大津市・奈良市もまた一〇位以内に入っているのです（和歌山市一三位、神戸市二一位）。このような京都市を始めとする近畿各都市におけるウナギ蒲焼への嗜好性は奈良の都の古《いにしえ》より、人々が栄養豊かな食べものとして、ウナギ食に慣れ親しんできた伝統を引き継いでいるのではないでしょうか。

近年、わが国のウナギ資源（天然の親ウナギと稚魚のシラスウナギ）は急減しています。天然ウナギの漁獲量は一九六一年に三千三八七トンであったのが二〇一二年には一六五トンと約二〇分の一に、またシラスウナギの漁獲量は一九六三年に二三二トンであったのが二〇一三年には五・二トンと約四五分の一にまで減ってしまいました。二〇一四年六月一二日、世界的な自然保護団体ＩＵＣＮ（International Union for Conservation of Nature and Natural Resources，国際自然保護連合）は、ニホンウナギを絶滅危惧種に指定しました。このような資源の減少はウナギの価格、ひいては蒲焼の販売価格の高騰をもたらしました。高価格となってしまった国産ニホンウナギの蒲焼は、「食べたくても食べられない高根の花」として、その購入頻度は減少し、「ウナギ離れ」を加速していると懸念されています。

ウナギ資源の保護を巡っては、二〇一〇年にニホンウナギの完全養殖成功の朗報がありました。しかし、この研究の実用化には、餌の問題や費用がかかりすぎるなど、なお多くの課題があるといわれます。庶民でも安心して、たまには買うことのできる手ごろな値段の蒲焼を安定的に提供していただけるよう、完全養殖の実用的完成が待たれます。

2　蒲焼の調理法

石麻呂爾我物申夏痩爾吉跡云物曾武奈伎取食
（石麻呂に我物申す夏痩に吉と云うものぞむなぎとりめせ）（万葉集）　大伴家持

この一首は、ウナギ食を記した文献の最初のものであります。試行錯誤して知りえた当時のウナギの食べ方は、「ぶつ切り」あるいは「丸」のままのウナギに串を刺して焼き、これに塩や酢など当時の調味料を付けるというものであったのでしょう。ウナギに串を刺して焼いたその形態が「蒲の穂」に似ているところから、この料理は蒲焼と呼ばれるようになったとの説があります。その後、永々と引き継がれてきたこのようなウナギの調理法に、革新的な「割《さ》き」の技術が導入されたのは江戸時代の元禄期であったといわれています（元禄期刊行の林鴻《りんこう》作「好色産毛《こうしょくうぶげ》」の「うなぎ売り」の行燈の挿絵から推察されているようです）。上方の京・大坂で先行した、割いて焼く蒲焼はやがて江戸へも普及しましたが、味付けは従来の醤油や酢などが主流でありました。一七〇〇年代後半に、元々飲むためのお酒であった味醂が調味料として使われだすと、醤油と合わせたウナギのタレも開発され（江戸末期の書「守貞漫《もりさだまん》稿《こう》」には、「江戸ハ、焼レ之ニ醤油ニ美琳酒ヲ和ス。京坂ハ、諸白酒ヲ和ス。」とあります）、蒲焼は現在の味付けとなったのです。なお、醤油と味醂とを合わせたタレは、上方では元禄時代から用いられていたとの説もありますが、これを実証する資料は知られていないようです。

なお、ウナギを香ばしく焼き上げるのに用いられている備長炭は、元禄時代に紀伊田辺の備後屋長右衛門によって創作されたと伝えられています。備長炭は煙が出ず、火持ちがよくてウナギに雑味を付けないといわれます。

蒲焼の作り方には大きく分けて関東風（江戸風）と関西風（京・大阪風）の二通りの調理法があります。関東風では、背開きして頭を除き、魚体を半分に切って白焼きした後蒸し、タレを付けて焼きます。一方関西風（**口絵写真8・1**）では、ウナギは腹開きして頭をつけたまま白焼きし、タレを付けて焼きます。両者の違いの要点は、ウナギの割き方と蒸すか蒸さないかにあります。関東風は蒸すことにより脂が抜け、あっさりと軟らかな食感となり、関西風は焼き一本で、パリッとした皮と香ばしさを賞味することができます。

関東風の背開きについては、江戸が武家社会であった土地柄故、切腹を連想させる腹開きが嫌われたとの説があり、また「蒸す」については、脂を落としたり、蒲焼を軟らかくしたりすることの他、かつては使用するウナギが関東ローム層地帯で育ったもので、その泥臭さを落とすためであったなどの説があります。

背開きと蒸すという作業には微妙な関連もあるようです。腹開きでは開いた両側の身が薄く、これに串を刺し蒸して再び焼くと、身が串から落ちることがありますが、開き身の両側が厚い背開きでは、これは防がれるということです。

普通の魚とは一風変わったウナギを割くには、普通は専用の「割き包丁」を用います。ウナギの割き包丁はそれ一本でウナギの体を開き、骨（とヒレ）を落とすように作られていて、調理手順の違いから地方により独特の形があります（江戸型、名古屋型、京都型、大阪型、九州型。京都市では錦市場の「有次」で確認できます）。京都型の割き包丁は**口絵写真8・2**のように、刃渡りは一〇センチほど、短くてずっしりと重く、ナタのような形をしています。刃の峰には太めの出っ張りがあり、作業するときには、柄を握るのではなく、この出っ張りをしっかり握ってウナギの動きに抗して使うのだそうです。京都でも遠い昔は背開きもしていて、この二つの開き方に使えるようにと、割き包丁はこのような形になったともいわれます。

3　京都のウナギ料理　蒲焼と二、三の料理

関西風の蒲焼の店として知られる「舞阪」は、近年河原町店を閉めました。「梅乃井」、「江戸川」、「かねよ」、「祇をん　う」、「松乃」など京都の繁華街界隈にあるこれらの有名店は全て関東風であり、京都の蒲焼屋では関西風の店は少なくなっているようです。したがって京都を訪れる観光客が口にするウナギの蒲焼の多くは、脂の比較的少ない軟らかな関東風の蒲焼であるようです。

「関西（京都）風の蒲焼は硬い」との声が聞かれることがあります。かつてウナギは路地池で養殖されていたため、シラスウナギが成魚になるまでに二年ほどを要しました。しかし近年はほとんどが水温管理の行き届いたビニールハウスによる養殖であり養殖期間も半年ほどに短縮されています。そのため蒲焼の食感もずいぶん軟らかくなっているようです。「関西風は硬い」との評価はずい分昔の思い込みであるかも知れません。

京都にはウナギを扱う川魚店が比較的多く、京都の人はここで蒲焼を買って家で食べることが多いといわれます。この店売りの蒲焼はいずれもが関西風であるようです。経営者が元々土地の人であるからなのでしょう。

京都市とその周辺地域には、郷土色豊かな珍しいウナギ料理があります。

「八幡巻」はその一つです。現在の京都府八幡市が発祥の地で、料理の名前は昔の八幡村に由来しています。八幡村はゴボウの産地として知られ、このゴボウと、近くの木津川、宇治川などから獲れる天然のウナギとを組み合わせて作られたのが八幡巻です。ウナギとゴボウの組み合わせは江戸時代から相性がいいものとして知られていたということです。ゴボウは薄味で数分煮込んで汁を切ります。細めのゴボウ五、六本を束ねて芯とし、このゴボウをウナギで巻いて紐などで止め、全体に焼き色を付けた後タレを付け、強火の遠火で焼き上げて作られます。古くから京都府を中心に大阪府、滋賀県などで食べられていましたが、今では全国的に広まっています。美食家としても知られた北大路魯山人は、「八幡巻のウナギは火箸のようなびりうなぎが適す」と評しています。

「お茶漬けうなぎ」というのがあります。昭和の初期、小さなウナギの使い道として京都の「かね正」で考案されたとのことです。背開きした（創業一五〇年の老舗ながら、ここでは背開きします）国産のウナギを白焼きとした後、タレでじっくりと炊き上げられた佃煮です。適当な大きさに切り、ご飯の間に挟んでわさび、山椒などの薬味をのせ、熱い煎茶をかけて食べられます。これは「ぶぶづけ鰻」（ぶぶとは京ことばでお茶のこと）とも称し、「松乃」でも求めることができます。同様の商品に錦市場「大国屋」の「ぶぶうなぎ」があります。白焼きしたウナギをマイナス三〇℃の冷凍庫で一日以上寝かせることで身を引き締め、炊いた時に身崩れしないように工夫されています。ぶぶあられを入れ、熱いお茶（煎茶またはほうじ茶）を注ぎます。

大阪、京都にはウナギの蒲焼の頭を有効利用した「半助豆腐」、「半助鍋」と呼ばれる料理があります。半助とは蒲焼にしたウナギの頭のことで、その名の由来は、明治・大正時代に一円（円助といわれた）の半分、五〇銭で売られていたことによるとの説があります。半助は、大阪では、明治期には売られていたとのことです。いわゆる「すたれもの料理」です。普通なら捨てるものを生かして使うという、このすたれもの料理という言葉は、朝日新聞の天声人語で紹介されて以来（二〇〇八年一二月二一日）注目されるようになったようです。関西のウナギの蒲焼は、頭を付けたままタレを付けて焼かれますので、頭にもいい味がしみ込んでいます。土鍋に水を張り、半助と昆布、野菜を入れて加熱し、頃合いを見て豆腐を加えて煮続け、賞味します。錦市場の「のとよ」では半助一二尾分、尾部六尾分をパックにし、三〇〇円で売られています。しかし今では半助を知る人はほとんどいなくなっているようです。

ウナギ料理には、蒲焼を刻み芯にして焼き上げた玉子焼の「う巻き」、ウナギの肝を入れた吸い物の「肝吸い」、などがありますが、生身を食べる刺身は避けられます。ウナギの血液にはタンパク質性の毒素「イクシオトキシン」が含まれているからです。ただし、この毒素は六〇度以上の熱を通すと無毒化されることから、湯通しした身を刺身としている料理屋もあるようです。

4 その他

土用の丑の日にウナギを食べるという習慣は、かの平賀源内（江戸中期）の「看板（本日土用の丑の日）でウナギ屋繁盛」の一説もありますが、大伴家持の歌（前出）にもあるように遥かな昔の奈良時代からあったようです。

土用とは中国の「五行説」が起源といわれ、暦の上の特定の期間、立春・立夏・立秋・立冬の直前の一八日間を指しますが、現在では立秋前の夏季の一八日間に対して用いられています。この時期は暑さが厳しく、夏バテを防ぐために、古くから五行の説に基づき、丑の日に色の黒いもの（コイでもゴボウでもよい）を食べる風習があったとのことです。その中でウナギが特に愛でられてきたのには、経験的にウナギが滋養強壮に優れた食べ物であることが知られていたからでありましょう。現在、ウナギは栄養学的に質の高い脂や、皮膚・粘膜の正常保持などに係わるビタミンA、不足すれば疲れやすくなるといわれるビタミンB_1、その他多くの栄養素を豊かに含むことが知られています（**表1**）。まさに夏バテ防止の栄養食であります。

なお京都では、土用の丑の日（前後五日間）に下鴨神社（世界文化遺産）に詣で、御手洗《みたらし》池に足をつけ無病息災を祈る神事が行われます。ウナギを食べる習わしとは別の、古都京都らしい伝統の行事です。

世の中には信仰の理由から、ウナギを食べない人たちが居られます。虚空蔵菩薩を信仰する人たちで

表1　魚肉の各種成分含量(100gあたり)

魚種	アユ	ウナギ(養殖)	コイ(養殖)	マイワシ	マダイ	牛肉*2
水分(g)	77.7	62.1	71.0	64.4	72.2	55.9
タンパク質(g)	18.3	17.1	17.7	19.8	20.6	17.1
脂質(g)	2.4	19.3	10.2	13.9	5.8	25.8
炭水化物(g)	0.1	0.3	0.2	0.7	0.1	0.4
灰分(g)	1.5	1.2	0.9	1.2	1.3	0.8
ビタミン						
A(μg)	35	2,400	4	40	8	2
B_1(mg)	0.13	0.37	0.46	0.03	0.09	0.07
脂肪酸						
飽和(g)	0.65	4.12	2.03	3.84	1.47	9.14
不飽和(g)*1	0.54	2.89	1.85	3.81	1.38	0.62

*1 多価不飽和脂肪酸　*2 サーロイン、赤肉

す。虚空蔵信仰ではウナギは神様の使いや神様の化身とみなされているからです。

京都市東山区にある三嶋神社は平安時代末期に、後白河天皇の勅命により造営されたお宮さんです。ご祭神（三柱）は万物の出生・成育の守り神、特に女性には子授け・安産の守護神であり、ウナギはその三嶋明神の使者として尊崇されてきました。したがってここに祈願に来られた人たちは、願い事が叶うまでウナギを食べることが禁じられているということです。毎年一〇月二六日には南西約二・五キロメートルにある三嶋神社祈願所（瀧尾神社境内）にて鰻祭（鰻放生大祭）が催され、ウナギへの感謝とウナギ業者の商売繁盛が祈念されます。

参考図書

総務省統計局：家計調査（平成二四年〜平成二六年の平均）、統計局ホームページ（二〇一五）
熊沢弘雄：水産年鑑　二〇一四年版、水産社（二〇一四）
筒井　功：ウナギと日本人、河出書房新社（二〇一四）
藤井乙男：好色産毛（浮世草子名作集）、大日本雄弁会講談社（一九三七）
塚本勝己・黒木真理：日本うなぎ検定、（財）養漫振興基金のぼり会（二〇一三）
臼井喜之助：京の味十二カ月、実業之日本社（一九七三）
佐々木宇蘭：ウナギの頭、大阪ではなぜ食べる、日本経済新聞社（二〇一四）
北岡正三郎：物語　食の文化、中公新書（二〇一一）
香川芳子監修：食品成分表二〇一四 本表編、女子栄養大学出版部（二〇一四）

9章 スッポン

坂口守彦

スッポン（ニホンスッポン）は爬虫類のカメ目スッポン科に属し、甲羅の長は大きいもので、三八・五センチ程度に達します。他のカメと違って、甲羅の表面は角質化していないので軟らかいという特徴があります。噛みつく力が強いので、しばしば「噛みついたら離さない」とまでいわれています。

スッポンはわが国で一般に食用にされている唯一のカメ類といってもよいでしょう（**写真1**）。すでに縄文時代や弥生時代には食用に供されていたようで、貝塚から遺物が出土しています。西日本では古くからスッポンを食べる習慣がありましたが、スッポン料理として登場するようになったのは京都が初めてのようです。現在でも市内には元禄年間（江戸中期）創業の老舗のスッポン料理店があります。

最近になって、国際自然保護連合（ＩＣＵＮ）の日本委員会が

写真1　スッポン

スッポンを絶滅危惧種として、レッドリストに掲載することにしたと報じられています。今後、国際取引が規制される可能性はありますが、現在市販されているものはほとんど養殖もの（ほぼ完全な養殖技術が確立されている）で、私たちの食用供給には影響なさそうです。

　本章ではスッポン料理とその材料、栄養成分、エキスとおいしさなどについて述べてみましょう。

1　料理と材料

　以前は料理に使われる材料のスッポンはほとんど天然ものでしたが、前記のとおり、現在では大部分が養殖もの（国内では九州南部や浜松産）です。その他に台湾など温暖な地方で養殖され輸入されるものもあります。

　材料のスッポンは一年中入荷し、とくに九月から翌年の四月までが旬とされ、肉はこの頃が一番おいしいといわれています。料理には爪、膀胱、胆嚢以外はすべて利用することができます。冬季には身体が温まる鍋もの（**口絵写真9・1**）や吸いものをはじめとして、酢のもの、煮もの、から揚げ、雑炊、生血の日本酒割などがあります。

2 栄養成分

スッポンの肉にはタンパク質、脂質、ミネラル、ビタミンなどが豊富に含まれていることがわかります（**表1**）。また、スッポン全体を乾燥して粉末化したものは市販の機能性食品に多く用いられています。いわゆる精力剤や栄養ドリンクにも使われています。近年では、コラーゲンの豊富な甲羅を多く使ったスープも缶詰として発売されていて、とくに女性や中高年層に人気が高いのだそうです。

脂質を構成する脂肪酸には飽和脂肪酸だけではなく不飽和脂肪酸（一価および多価）が含まれています。とくにこの不飽和脂肪酸の組成を見ますと、一価のオレイン酸以外に多価のリノール酸、エイコサペンタエン酸、ドコサヘキサエン酸などが多く含まれていることがわかります（**表2**）。これら、特に後二者には血

表1　一般成分など主な成分の含量（肉100gあたり）

エネルギー	197 kcal
水分	69.1g
タンパク質	16.4 g
脂質	13.4 g
飽和脂肪酸	2.68g
不飽和脂肪酸（一価）	5.43 g
不飽和脂肪酸（多価）	3.36 g
炭水化物	0.5 g
ミネラル（Na、K、Ca、Mg、P、Fe、Zn および Cu）	0.04 ～ 150mg
ビタミン（E、B_1、B_2 およびナイシン）	0.41 ～ 3.0mg
ビタミン（A および D）	それぞれ 94 および 4 μg

五訂日本食品成分表（2005）を改変

表2　肉に含まれる脂質の脂肪酸組成

脂肪酸	比率（%）
ミリスチン酸	2.8
ミリストレイン酸	0.2
ペンタデカン酸	0.2
パルミチン酸	17.4
パルミトレイン酸	12.6
ヘキサデカジェン酸	0.2
ヘプタデカン酸	0.4
ヘプタデセン酸	0.1
ステアリン酸	4.1
オレイン酸	35.6
リノール酸	4.3
リノレン酸	0.4
オクタデカテトラエン酸	0.4
エイコセン酸	2.9
アラキドン酸	0.4
エイコサテトラエン酸	0.3
エイコサペンタエン酸	4.6
ヘンエイコサペンタエン酸	0.3
ドコセン酸	1.5
ドコサペンタエン酸	1.2
ドコサヘキサエン酸	7.6
テトラコセン酸	0.5
その他	2

猿渡　実監修　福田　裕・山澤正勝・岡崎恵美子：全国水産加工品総覧，光琳（2005）

流を正常に保ちつつ、中性脂質や血中コレステロール値を下げて動脈硬化の防止、肥満の予防、血栓の発生防止作用などがあるといわれています。

3 エキスとおいしさ

前述の成分の他にも、肉のおいしさの中心をになうエキス成分も多く含まれていて、この中にはうま味を与えるグルタミン酸があります（**表3**）。さらに、ここでは多量のアデノシン三リン酸（ＡＴＰ）が検出されていますが、うま味を与えるイノシン酸は含量が低いので、載っていません。しかし、一般に煮ものや焼きものなどの調理・加熱の過程で、多量に含まれるＡＴＰはほとんどすべてが分解されて多量のイノシン酸に変化しますから、グルタミン酸と相乗的に作用して強いうま味を発揮するようになるでしょう。この他にも、赤身魚ではヒスチジンは「こく」に、カルノシンはうま味や酸味に関係するといわれていますので、このような成分の味が相まって、あの独特のスッポンの肉の味を創りだしているのではないでしょうか。また、甲羅を使ったスッポン鍋はコラーゲンに由来するゼラチンが豊富で、前記のうま味とともに「こく」を楽しむこともできます。

スッポンには、このように豊富な栄養成分が含まれていることを知りながら、木枯らしの吹きすさぶ夕べにはスッポン鍋を囲めば、よけいにおいしく感じるのではないでしょうか。

表３　肉に含まれる主要なエキス成分の含量(mg/100g)

エキス成分	含量
グリシン	12
β−アラニン	23
セリン	12
タウリン	110
グルタミン酸	13
グルタミン	16
ヒスチジン	31
カルノシン	138
ATP	204
ADP	36
AMP	24
クレアチン	339
クレアチニン	26

須山三千三・平野敏行・佐藤　研・福田博業：日水誌，**45**, 595-599 (1979)

参考図書

福田　裕・山澤正勝・岡崎恵美子：全国水産加工品総覧、光琳（二〇〇五）

講談社編：魚の目利き食通事典、講談社（二〇〇二）

川崎義一：特産シリーズ45　スッポン―習性と新しい養殖法、農山漁村文化協会（一九八二）

10章 京かまぼこ

牧之段 保夫

わが国の海辺の各地には、近海で獲れた魚を用い、その地方の嗜好に合わせて作られた蒲鉾の名産品があります。例えば、小田原の蒸し板かまぼこ、大阪の焼き板かまぼこ、仙崎（山口県）の白焼抜きかまぼこなどです。京都（市）は海から遠く離れた内陸に位置します。この内陸の地でも蒲鉾が作られているでしょうか。ましてや、物流の未発達な江戸時代やそれ以前にも、蒲鉾は作られていたでしょうか。実は、内陸とはいえ京都では古くから蒲鉾が作られ、食されてきたのです。

本章では、人々にあまり知られていない「京かまぼこ」の歴史、特徴、逸品について述べてみます。

1 京かまぼこの歴史

蒲鉾が文献に初めて登場したのは平安時代後期の永久三年（一一一五年）といわれています。その蒲鉾はときの関白・藤原忠実が京都の東三条殿に移徙《いし》したときの御前物の図（**7章の図2**参照）に亀足《きそく》付きの「ちくわ」として描かれているのです。この事実は、当時蒲鉾が人をもてなす貴族料理の一品であったことを示すものです。さらに、「日本料理中興の祖」と仰がれる藤原山蔭《やまかげ》（八二四年〜八八八年）を戴く誇り高い京の料理人を想えば、この宴の蒲鉾もまた他の料理と同様に、彼らによって現地・京都で作られたものと推察されます。

都が京都に移って以来、京都では宮廷料理、公家料理として、貴族の権力や財力を背景に諸種の食材が集められ、いろいろな料理が創造され、また継承されてきました（**16章**参照）。蒲鉾もその一つであったと思われます。しかし、海から遠く隔てられているという地理的理由から、これまで京都は蒲鉾の産地としての印象がきわめて薄かったようです。

蒲鉾が商品として本格化するのは、明治時代になってからであります。しかし、江戸時代にはすでに、九州、四国、本州などの海辺の各地や、大都会である大坂、京都、江戸などには蒲鉾屋が誕生していました（西鶴の江戸初期刊行本『好色一代女』の一文には大坂の美食の一つに「椀屋の蒲鉾」とあります）。蒲鉾は一般庶民へも普及し始めていたのです。なお、京都は蒲鉾の産地であるとともに、消費地でもありました。文献『守貞漫稿《もりさだまんこう》』（一八五三年）によれば、江戸時代、大坂・堺などのかまぼこは塩を多くして、焼きを入れ京都へも送られていたということです。

蒲鉾屋の誕生した江戸時代以降、業者数の増加とともに活況を見せていた京都の蒲鉾業界も昭和一七年〜二四年の統制時代には一時衰退しました。しかしその後復活し、京都市で全国蒲鉾品評会が開催された昭和三九年（一九六四年、東京オリンピックの開催年）には、京都蒲鉾商組合の組合員数は七〇軒余りを数えるほどの盛況ぶりでした。

以上のように京都市は、一部確証は欠くものの、蒲鉾が文献に登場した平安時代この方、古くは貴族社会を中心に、蒲鉾を作り続けてきた蒲鉾の名産地であるといっていいのではと思います。

なお、わが国の蒲鉾類の生産は、明治時代以降、底引き網漁業の発展や擂潰《らいかい》機・採肉機など製造機械の発明などにより大いに進展し、昭和一六年（一九四一年）にはその生産量は一八万六千トンに及びました。その後大戦で業界は一時衰退しましたが、戦後の経済発展に伴う食生活の向上、また冷凍すり身の開発などを背景に、昭和五〇年（一九七五年）にはその生産量は実に一〇四万トンに達したのでした。

しかしその後、米国・ソ連の二〇〇カイリ漁業専管水域設定（一九七七年）による原料魚の入手難と蒲鉾製品の価格高、冷凍すり身を原料とする蒲鉾（並製品）が昔のおいしさを失ったこと、添加物に対する消費者の不信、あるいは食生活の多様化などが相まって蒲鉾類の消費は落ち込み、その生産量は減少の一途をたどりました。二〇一五年の蒲鉾類の生産量は四七万一千トンで、ピーク時（一九七五年）の四五パーセントになってしまいました。

ひところ盛況であった京都市の蒲鉾業界もその後淘汰され、業者数は蒲鉾商組合の会員、非会員を合わせて現在一五軒程度であるといわれています。今後は、蒲鉾は魚をおいしく食べる・食べていただく料理の一形態であることを再認識し、業界が一致協力して、名産品の名に恥じない「京かまぼこ」を作り続けるよう、懸命な努力が期待されます。

2　京かまぼこの特徴

蒲鉾は、魚肉に塩を加えてすりつぶし、成形後加熱して作られます。この基本工程はいずれの地域でも同じですが、その内容には地域それぞれの特徴が見られます。製造された蒲鉾の品質は、外観（形、色、切り口の光沢など）、歯ざわり、味などを総合して評価されます。弾力を含む「歯ざわり」は関係者の間では「足」とも称されています。

(一) 原料魚

昔の「京かまぼこ」で問題になるのは、原料魚であります。平安時代には蒲鉾の原料魚に関する文献は見当たりませんが、料理法などは、普通は継承されていくものです。このことから室町時代以降の文献から考えますと、平安時代の永久三年（一一一五年）、例の宴席における「ちくわ」の原料魚は、京都でも活魚が調達できる淡水魚のコイ、あるいは朝廷・貴族の権力と財力とで調達できたのではと思われるタイを始めとする二、三の海産鮮魚とも考えられます。

コイは古くから料理の代表的素材でありました。室町時代の古文書『四条流庖丁書』（一四八九年）には、魚鳥の上下について、海のものを上、川のものを中、山のもの（キジなど）を下としていますが、コイは魚の中で最上位とされています。蒲鉾は貴族の食膳を飾る料理であったことからすると、貴重なコイが料理としての蒲鉾に用いられても不思議ではありません。また同書には、「里魚《コイ》ヨリ料理ハ始リタル也。蒲鉾ナドニモ鯉ニテ拵タルコソ本説可㆑成也。」とあります。なお、古くはナマズ（淡水魚）も蒲鉾の材料にされていたとのことですが、下品とされ、貴族の料理に供されたとは考えられません。

海産魚に恵まれなかったかつての京都にあって、活魚として入手できた海産魚は生命力の強いハモでありました（**4章**参照）。ハモは海から釣りあげられても直ちに死ぬことはなく、また筋肉は即殺一〇～一二時間後も反応性を示すほどです。この魚は平安時代の辞典にも見られるとか、古くから食べられていた魚です。また、前出の藤原忠実が催した祝宴の膳の図にはタイの鱠《なます》が描かれています。平安の貴族はタイをもまた鮮魚として京の都に取り寄せることができたのです。ハモやタイなどの貴重な海産魚は一般的貴族料理の材料としては勿論のこと、蒲鉾の原料魚としても用いられたと考えられます。

ちなみに、取り寄せられた海産魚は地理的に見て瀬戸内海産と考えられます。舟運にて淀川、桂川を経た生魚は草津の湊（鴨川と桂川との合流点付近）から陸送され（「鳥羽の走り」など）、あるいは高瀬川開削後は伏見より高瀬舟にて都の中央へと運ばれていたのです。

江戸時代以降の文献には、数多くの原料魚が現われてきました。一例を示せば「蒲鉾　三都トモ精製ハ鯛、ヒラメ等ヲ専トス。又京坂ハ鱧製ヲ良トス。」（守貞漫稿、前出）とあり、京都、大坂では蒲鉾の原料魚としてはハモが最高とみなされるようになり、現在に至っています。

ハモは頭が小さくて採肉歩留まりがよく（五〇～六〇パーセント、タラは三〇パーセント以下）、こそげて作った蒲鉾は優れた歯応えと奥深いうま味をもっています。昭和三〇年代以降、蒲鉾の原料としては冷凍すり身が普及しましたが、この冷凍すり身の時代にあっても、生ハモは「大阪かまぼこ」と同様に「京かまぼこ」の必須原料魚となっています。

近年の蒲鉾は化学調味料使用のものがほとんどです。しかし、蒲鉾本来の味の来源は原料魚です。おいしい魚を用いて作れば、おいしい蒲鉾ができるのが一般です。

魚肉の味には、それに含まれる遊離アミノ酸の一つであるグルタミン酸と、核酸関連化合物の一つであるイノシン酸が大きく係わっています。グルタミン酸はうま味をもつアミノ酸ですが、その含量は各魚種を通じて微量であり、このアミノ酸だけでは強い味を感じることはできません。ところが、同じくうま味成分であるイノシン酸が共存するとうま味は著しく増強される（相乗効果）ことが知られています。ハモ肉では死後しばらくしてイノシン酸が急増し、おいしさを増しますが、魚が死後時間を経ておいしくなるのはこのような理由によるのです。

ハモ肉はさっぱりして奥深い味をもち、また他の魚の味を同化するともいわれます。このようなハモを主原料としているのが「京かまぼこ」です。上品でおいしいゆえんでありましょう。

（二）公家文化

京都といえば、かつては日本の都としてお公家さんの優雅な文化が満ち溢れていました。色あせてきたとはいえ現在もその影響は残っており、料理では素材の味、色、香りを生かすためにうす味とするのもその一つです（**16章**参照）。蒲鉾はハモの奥深いうま味を生かし、強すぎもせず上品な足に仕上げられてきました。このような製品にこそ「京かまぼこ」の特徴があるものと思われます。明治時代の中頃までは京都の蒲鉾といえばハモのすり身で作られていたといわれます。しかし各種の冷凍すり身が常用されるようになった現在、蒲鉾業者の心には千年の都で作っているという自負はあるものの、特徴の薄れた蒲鉾が多々出回るようになってきました。

「京かまぼこ」のもう一つの特徴に、表現のシンボライズ化（象徴化）があるともいわれます。細工ものにしても、例えば他地方では亀は亀そのものの形としますが、京都のものはそれを亀甲・六角形で表したりします。引き出物でも京都のものは色彩を焼き色だけとし、さらっと表現しようとしています。これらもお公家さん流のセンスの伝統なのでしょう。しかし近年、京都らしさの欠落した細工ものも見かけられるようになりました。

3　京かまぼこの逸品

「京かまぼこ」の逸品に、「魚そうめん」と「しんじょう」があります。宮廷料理、公家料理としての蒲鉾に工夫が凝らされ、その成果として生み出された宮廷料理人会心の作であったものと思われます。

（一）魚そうめん

東・北・西の三方を山で囲まれた京都市は盆地特有の気候を示し、俗に「夏は酷暑、冬は酷寒」ともいわれてきました。このような暑さの厳しい京の夏、「そうめん」と並び好んで食べられるのが、季節料理の逸品、「魚そうめん」です（**写真1**）。魚肉のすり身を用い「そうめん」に似せたもので、京の夏の風物詩の一つとなっています。古くは篠《しの》蒲鉾、糸衣《いとぎぬ》などと呼ばれ、室町時代の文献に見ることができます。

「魚そうめん」は室町時代、二通りの方法で作られていました。一つは、すり身を底に小孔のある竹筒に入れ、熱湯の中へ押し出す方法。もう一つは、すり身を板上に薄く延ばし、熱湯をかけるか炙った後板から離し、これを繊《せん》に刻む方法です。

すでに述べたとおり、明治の中頃までは京都の蒲鉾はハモの特性を生かして、ハモを用いて作られていました。「魚そうめん」は「ハモそうめん」ともいわれ、昔はハモでなければ「魚そうめん」にできなかったとのことです。現在ではハモ一〇〇パーセントの「ハモそうめん」の他、幾種類かの魚肉をすり合わせた「魚そうめん」も作られています。京都で生まれ、京都

写真1　魚そうめん

で育った「魚そうめん」。その製造（押し出し式）は現在自動化されていて、すり身の凝固と殺菌を兼ねた加熱時間はほんの二〇～三〇秒とされています。吸水によるおいしさの低下を防ぐためです。

「魚そうめん」は「そうめん」とは異なり、動物性タンパク質食品です。魚肉特有の風味と歯応え、滑らかなのど越しなど、涼感をそそる「京かまぼこ」の雅《みやび》な逸品です。近年、京都以外、例えば沼津市、福井市、伊勢市、和歌山市、姫路市、尾道市、福岡県などの各地でも作られていますが、いずれも京都に学んだものでありましょう。

京都のハモを殊のほか愛したという文豪谷崎潤一郎。「ハモそうめん」を食べたという記録はないようですが、食すればどのような感想をもったでありましょうか。近年、温泉玉子が「魚そうめん」に合うとの意見が見られます。

(二) しんじょう

「しんじょう」という名称は古くからあったようで、清水亘先生によれば安土・桃山時代の古文書「今古調味集」（一五八〇年）には、「鱈しんじょ　たら半弁の通り、鱈の身五合程入、長芋四合程能摺り交、しんじょに仕立べし」とあるとのこと。「はんぺん」と同様に、昔は魚肉に長芋を摺り混ぜて作られていたようです。

「しんじょう」についての近年の理解として日本語大辞典（講談社）には、「練り物の一つ。白身の魚や鶏、エビなどのすり身に、卵白を加え、ゆでるか蒸すかした食品。吸物の実などにする」とあります。

京都でも昔は山芋が使われていたとのことですが、今では山芋を入れたのが「はんぺん」で、入れないのを「しんじょう」と呼んでいます。「あんぺい」、「しんじょ」ともいわれます（**口絵写真10・1**）。

「しんじょう」の製造は現在自動化されています。水延ばししてソフトクリームのように軟らかなすり身は、トレーに盛られてベルトコンベヤー上を加熱機へと送られます。

ふわりとした食感で、魚のうま味が口中に広がる上品な風味。京都で作られる「しんじょう」のおいしさには、その誕生以来、京都の名水が大きく係わってきたのではと思われます。京都は地形上の特質から、地下水や伏流水が豊富で、茶の湯などを育んできた名水に恵まれた土地柄であります。この名水をもってすり身を延ばせば、「しんじょう」の品質もおのずと優れたものとなるのでしょう。朝廷・公家料理の伝統を引き継ぐ、京都ならではの逸品で、今日もなお日本料理の基本メニューとなっています。

参考図書

清水　亘：かまぼこの歴史、日本食糧新聞社（一九七五）
麻生磯次・富士昭雄：好色五人女・好色一代女、明治書院（一九九二）
朝倉治彦：合本守貞漫稿、東京堂出版（一九八八）
塙保己一編：群書類従19輯訂正3版、続群書類従完成会（一九七九）
人見必大（島田勇雄訳注）：本朝食鑑3、平凡社（一九八二）
山本眞嗣：京・伏見歴史の旅（新版）、山川出版社（二〇〇三）
志水　寛：昔の蒲鉾・今の蒲鉾、（有）どい事務所（二〇〇〇）

11章 身欠きニシン

塩田二三子・坂口守彦・平田 孝

ニシンはニシン目ニシン科に属する回遊魚で、太平洋産と大西洋産のものがあります。日本近海で漁獲されるものはもちろん前者に属します。体長は三〇～三五センチほど、漁獲が春季に多いことから、春告魚とも書かれてきました。

よく知られている北海道の民謡ソーラン節は、日本海側積丹半島から余市のあたりがニシン漁で賑わった頃に、その漁で漁師たちが歌った労働歌だといわれています。このころ例えば一八九七年（明治三〇年）には一〇〇万トン近くも漁獲されていました。しかし、その後漁獲高は減少しはじめ、一九三八年（昭和一三年）には一万二千トンまで減ってしまいました。一九四四年（昭和一九年）には一時的に三五万トンまで回復したものの、その後再び減少に転じ、現在では三千～四千トンほどにすぎなくなっています。そのため、今では多くの国々から六万～七万トンほどが輸入されています。

ここではニシンの利用用途のうちで京の名物となっている身欠きニシンについて、その名の由来、京の人々の身欠きニシンとの関わり、おいしく食べるための知恵（16章参照）、おいしいわけなどについて解説します。

1　ニシンの利用と身欠きニシンの由来

北海道のあちらこちらの貝塚からその骨が出土されていることから、縄文時代にはすでに食用とされていたと考えられています。もともとアイヌの人々が簡単な漁具で細々とニシンを獲っていましたが、室町時代に本州から漁法が伝えられて、漁獲量は徐々に増加しました。この頃になると、自家の食料として蓄えるだけではなく、加工して本州へ向けて販売していたようです。一六二八年の松前藩から幕府への献上品の記録の中には、身欠きニシンが記されています。一八世紀初頭より大規模な漁が行われるようになり、漁獲量がさらに増加しました。その多くは油の製造や肥料のために利用され、時期を同じくして登場した北前船によって、この鰊肥は西日本にもたらされました。それまで魚肥として利用されていた干鰯よりも肥料としての効果が高いといわれ、西日本の農業の発展を支えた要因の一つとなっていきます。つまりニシンは、日本の多くの人々の生活を豊かにしたといえるでしょう。

このころ、ニシンは内臓を除いて二つに割き、その背部を身欠きニシンに、腹部を肥料として利用していました。二つに割くから「二身」（ニシン）、身（腹のほうの身）を欠くことから「身欠きニシン」と呼ばれるようになったという説もあります。ニシン漁業は、一九世紀末に最盛期を迎えましたが、やがて、漁獲高が減少に転じてニシンは貴重品になっていきました。そして、身欠きニシンは、腹部を除かずにつくられるようになり、現在の形になったのです。この一般的な製造方法を**図1**に示します。

2　京の人々と身欠きニシン

鰊肥だけでなく身欠きニシンもまた北前船によって蝦夷地から各地へ運ばれました。そして寄港地の一つ、若狭で陸揚げされ、その一部が鯖街道を通って京都へ運ばれてきたのです。江戸時代、『料理調法集』に「下品なり」と紹介された身欠きニシンも、海から遠く離れた京都では貴重なタンパク源となりました。そして、これが野菜と組み合わされ、「出合いもの」として京のおばんざいとなったのです（参照「京の魚の世界へようこそ―序にかえて」）。また、一八四九年に書かれた『年中番菜録』のなかに、こんぶ巻やコンブとの炊き合わせも紹介されています。京都の庶民、とくに商家では、戦前まで「何の日には何を食べる」といったおきまり料理がありました。八日、一八日、二八日と末広がりの八の付く日には、芽が出るようにとあらめを炊いたり、月末にはおからを食べました。おからは別名「きらず」といわれ、お得意様、取引先といった人と人との間柄、ご縁が来月も切れませんようにという意味であるという説があります。そして毎月一日には身欠きニシンとコンブの炊き合わせ「ニシンこぶ」が食べられていました。「今月もしぶう、こぶう、暮らしましょ」という意味らしいですが、「しぶう」というのは、身欠きニシンに渋みがあることから、また「こぶう」というのは、現在はほとんど死語となった「こぶい」という語源からきています。これはしぶいに似た意味で、がめついがちょっと陰にこもったような感じと表現されています。つまり、お金を浪費せずに今月もしっかり暮らしましょう、と

図1　身欠きニシン（本乾）の製造工程

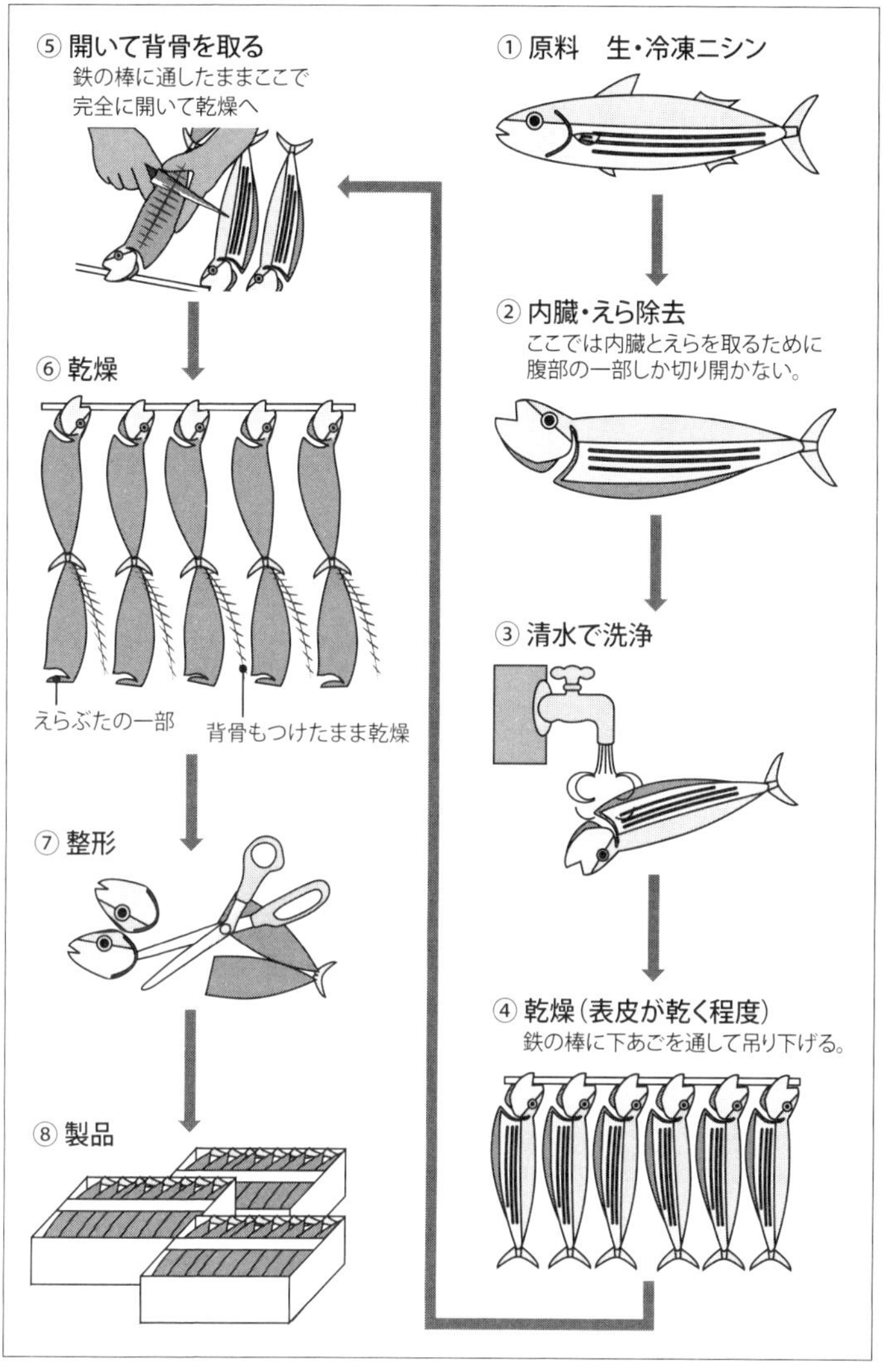
① 原料　生・冷凍ニシン
② 内臓・えら除去
ここでは内臓とえらを取るために
腹部の一部しか切り開かない。
③ 清水で洗浄
④ 乾燥（表皮が乾く程度）
鉄の棒に下あごを通して吊り下げる。
⑤ 開いて背骨を取る
鉄の棒に通したままここで
完全に開いて乾燥へ
⑥ 乾燥
えらぶたの一部
背骨もつけたまま乾燥
⑦ 整形
⑧ 製品

いうことだそうです。このニシンこぶに使われたコンブは刻みコンブでした。これは、コンブの表面の黒い部分を削ってとろろコンブやおぼろコンブにしたあとの中心部の白い部分を細かく刻んだものです。つまり、本来不要になった部分を使うという節約そのものだったのです。

身欠きニシンはその他にも、ナスなどの野菜と炊いたもの、味噌で煮込むニシン味噌など多彩な方法で利用されました。また、身欠きニシンの棒炊きも昔ながらの京のおばんざいで、これをそばにのせたニシンそば（**写真1**）は、京都の名物料理の一つにあげられます。

また、鯖街道の山中の集落には、身欠きニシンを大根などの野菜といっしょに麹で漬け込んだニシン漬け（**口絵写真11・1**）が伝えられています。また、京都の南部、宇治茶の産地では、農作業時の昼食にたき火でナスや身欠きニシンを炙って味噌とともに

写真１　ニシンそば（京都の南座横にある「松葉」のニシンそば）

ニシンそばは、ここの二代目主人が発案して生まれたとされています。

椀に入れ、上から番茶をかけていただく茶汁が食されていました。このように身欠きニシンは、京都の庶民にとってなくてはならない食材であったといえるでしょう。

3　おいしく食べるための知恵

一昼夜だけ乾燥させてつくる生干しの身欠きニシンは、そのまま調理に使用されたり、また、熱湯をかけた後、水にさらしてうろこをとるという下処理を施す程度で調理に用いられます。これに比べて、製造に一カ月を要する乾燥のすすんだ身欠きニシンの場合は、再び水分を与え軟らかくするとともに、脂質の酸化に伴う渋味を取り除く下処理が必要になります。米のとぎ汁や糠を入れた水に浸漬する方法、そうして軟らかくなったものをさらにたっぷりの番茶でゆでる方法、また灰汁中に浸漬する方法など、いろいろな方法で下処理された後、料理に使用されます。

米のとぎ汁が渋みを除くのに有効な理由は、その中に含まれるデンプンがこの過酸化脂質や酸化生成物を吸着するため、水洗いをすれば、デンプンといっしょにこれらを流し去ることができるからです。また、糠入りの水につけることで、糠の中の脂質分解酵素が酸化した脂質を分解し、除去することができるといわれています。番茶については、番茶に含まれるカテキンが生臭いにおいを軽減するともいわれています。さらに灰汁については、脂質の酸化生成物が灰汁のアルカリと結合することで水溶性とななり、溶出すると考えられています。

冷凍や冷蔵の技術も未発達で、運搬にも非常に時間を要した時代、京都に入ってくる身欠きニシンは、しっかり乾燥させた本乾のものであり、その脂質の酸化もかなり進んでいたことでしょう。そのため、長時間の浸漬や番茶によるゆがきを行い、渋味の原因物質やにおいを除去してから調理することが必要でした。しかし、これらの方法は渋味やにおいだけでなく、呈味に関係するエキス成分の多くも除いてしまうことになります。一般に魚肉にはグルタミン酸（アミノ酸）とイノシン酸（核酸関連化合物）が含まれていて、これらが相乗作用することによってうま味を作り出します。身欠きニシンには、カツオ節に比べてグルタミン酸は比較的多く含まれるものの、イノシン酸ははるかに少ししか含まれていません（**表1**および**表2**）。そのため、身欠きニシンはうま味が弱いと判断されるのですが、この下処理によってさらに多くを除いてしまうのです。そこで京都では、下処理後の身欠きニシンを、コンブとともに炊きあげたり、カツオ節やコンブでとった「だし」を加えて煮て、さらに調味料で甘辛く味をつけ、それをそばにのせたり、またナスなどの野菜と合わせたりする調理法がとられたのです。

現在、市販されている身欠きニシン製品には、その乾燥の程度から本乾、八分乾、生干しなど、数種がみられます。本乾の水分はわずかに二〇パーセント程度です。従来は乾燥することで微生物の発育を阻止し保存性を高めていましたが、近年、冷蔵・冷凍、包装の技術の発展によりその必要性が薄れ、それよりも、風味成分を濃縮させ、独特の食感を生み出すなど嗜好性を向上させることを目的に水分六〇パーセント程度と軽く乾燥させた生干しのものが多く出まわっています。

表1　身欠きニシンとカツオ節の遊離アミノ酸含量(mg/100g)

	身欠きニシン※1	カツオ節※2
タウリン	251	32
アスパラギン酸	3	2
グルタミン酸	130	23
セリン	30	12
グリシン	142	26
ヒスチジン	1	1,992
スレオニン	23	11
アラニン	144	50
アルギニン	13	5
プロリン	22	5
チロシン	12	20
バリン	24	16
メチオニン	16	17
イソロイシン	＜1	8
ロイシン	37	25

※1 水分含量18%　※2 水分含量15%（福家眞也ら：日食工誌，**36**, 67-70（1989））

表2　身欠きニシンの核酸関連化合物含量(μモル/g)

	A	B	C	D	E
アデノシン三リン酸	0	11	0	8	9
アデノシン二リン酸	43	12	56	7	10
アデノシン一リン酸	1	7	2	6	8
イノシン酸	0	4	5	5	3
イノシン	4	99	165	143	164
ヒポキサンチン	246	122	186	57	45

A：身欠きニシン（上乾品 水分含量19.5%）……錦市場（京都市）で購入
B：身欠きニシン（中乾品 水分含量51.5%）……錦市場（京都市）で購入
C：身欠きニシン（水分含量17.9%）……………スーパーマーケット（京都市内）で購入
D：ソフトニシン（水分含量64.7%）……………錦市場（京都市）で購入
E：ソフトニシン（水分含量67.9%）……………スーパーマーケット（京都市内）で購入

4 身欠きニシンがおいしいわけ

栄養面では、カルシウムの吸収を促進して骨粗鬆症の予防に効果的なビタミンDが豊富に含まれています（**表3**）。一般に魚の体成分は季節によって大きく変わります。多くの魚類では、産卵期が近付くと生殖巣に栄養を集中させる必要があるために、筋肉中の脂質の量は低下します。ニシンも例外ではなく、筋肉中の粗脂質は、産卵期になると通常期の半分程度に低下します。それでも産卵期でも七パーセント前後、通常期には一五パーセント前後と他の魚と比べてかなり多く含んでいるといえるでしょう。

また、脂質には多価不飽和脂肪酸のエイコサペンタエン酸やドコサヘキサエン酸が多量に含まれています。これらの脂肪酸は多くの効能をもっていて、たとえば脂質代謝を改善したり炎症を抑えたりする作用も知られています。しかし、その一方でこのような多価不飽和脂肪酸は非常に酸化しやすいという特徴があります。本乾の製造には乾燥に四週間も費やすことから、製造の間にも脂肪酸の酸化の進行が見られます。

脂質酸化物が多く蓄積すると、まずさの原因になってしまいます。調理をするときにはまずそれらをとり除くために上述のような下処理を施します。それでも残った少量の脂質やその酸化物が、実は身欠きニシン独特の風味や「こく」を作りだしていると考えられています。全国の多くの水産加工品の中で、このような特異な風味を与えるものはあまり見られません。ニシンそばをはじめとして、先に述べた多

表3　ニシン(生)および身欠きニシンの栄養価(100gあたり)

	ニシン（生）	身欠きニシン
エネルギー（kcal）	216	246
水分（g）	66.1	60.6
タンパク質（g）	17.4	20.9
脂質（g）	15.1	16.7
炭水化物（g）	0.1	0.2
灰分（g）	1.3	1.6
カルシウム（mg）	27	66
鉄（mg）	1	1.5
ビタミンA（レチノール活性当量）（μg）	18	(Tr)
ビタミンD（μg）	22.0	50.0
ビタミンE（mg）	3.1	3.0
ビタミンB_1（mg）	0.01	0.01
ビタミンB_2（mg）	0.23	0.03
ビタミンC（mg）	Tr	(0)
多価不飽和脂肪酸（g）	2.39	2.18

日本食品標準成分表2015年版（七訂）より
　Tr ：最小記載量（ビタミンAおよびCの場合1の位）の1/10以上5/10未満
(Tr)：微量に含まれていると推定される
(0)：含まれていないと推定される
注）近年、生干しの身欠きニシンが多く流通していることからか、日本食品標準成分表においても五訂（2000年）から水分量60.6パーセントのものを身欠きニシンとして掲載している。

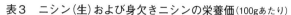

くの京名物はそのような特色をそなえているのです。また、面白いことに、これら高度不飽和脂肪酸の酸化物は、体内の脂質代謝を改善する働きがあるといわれています。私たちの舌が酸化脂質を全面的に拒否せず、身欠きニシンのもつ特有の風味として受け入れることができるのは、健康維持に必要な成分として酸化脂質の特異な機能性を感知しているからかもしれません。

参考図書

小島瓔禮：日本大百科全書　17巻，小学館（一九八九）
日本風俗史学会：図説　江戸時代食生活事典，雄山閣出版（一九九六）
牧野隆信：北前船の時代―近世以降の日本海海運史，教育社歴史新書〈日本史〉，教育社（一九七九）
山本保彦：現代おさかな事典―漁場から食卓まで―，エヌ・ティー・エス（一九九七）
文部科学省科学技術・学術審議会　資源調査分科会：日本食品標準成分表二〇一五年版（七訂），全国官報販売協同組合（二〇一五）
成瀬宇平：魚料理のサイエンス，新潮選書，新潮社（一九九五）
金田尚志：日本大百科全書　22巻，小学館（一九八九）
島　一雄ら（編）：最新水産ハンドブック，講談社（二〇一二）

12章　ちりめんじゃこ

塩田二三子

　京の食文化に深く関わってきた魚というと、サバずしのサバ、湯引きのハモなど華やかなものが真っ先に思い出されるかもしれませんが、ちりめんじゃこも地味ながら京の食文化の中で大きな存在感をもっています。ちりめんじゃこというよりも、しらす干しといったほうがわかりやすい方もおられるでしょう。関西では、一般的にしらす干しの乾燥度の高いものをちりめんじゃこといいます。塩茹でしたあと、乾燥のために広げて干したときの様子が、絹織物の「縮緬」のしぼ（縮み皺）のようにみえることから、この呼び名となりました（**写真1**）。

　大根おろしや酢の物に加えるだけではなく、コンブやトウガラシ、実山椒、またフキの葉などといっしょに炊いたり、ばらずしのすし飯に加えたりと、京の食文化を支える

写真1　塩水で茹でたあと、広げて乾燥中のちりめんじゃこ

重要な素材の一つで、「おじゃこ」と「お」まで付けて丁寧に呼ばれたりもします。
本章では、ちりめんじゃこの種類、製造方法、乾燥にともなううま味やエキス成分の変化、栄養価、調理によってもたらされるもの、おばんざいとちりめんじゃこなどについて述べます。

1 ちりめんじゃこにもいろいろある

ちりめんじゃことはしらす干しのことで、原料はその名のとおりしらすです。そもそもしらすとは、イワシのほかにイカナゴ、ウナギ、アユなどの稚魚のことを指し、体が無色透明なものの総称です。しらす干しの原料となるイワシは主にカタクチイワシの稚魚ですが、マイワシやウルメイワシも利用されています。マイワシのしらすは、カタクチイワシよりも黒っぽく、見かけは悪いのですが、脂肪分が多く美味といわれています。また、ウルメイワシのそれは鮮度が非常に落ちやすいという欠点をもっています。

しらすと呼ばれるのは全長二〇ミリ前後のものです。全長四〇ミリ前後になるとヒラゴあるいはカエリと呼ばれ、親イワシ同様の銀色がつき始めます。それを原料につくられたものはかえりちりめんの名前で流通しています。三〇~五〇ミリの幼若魚は、ごまめ（田作り）や煮干し（いりこ）に、それより大きなものはめざしなどに利用されます。

春先になると、イカナゴを原料としたちりめんを見かけます。関西ではイカナゴと呼ばれることが多いのですが、小女子（コオナゴ）やカナギ、カマスゴなどいろいろな呼び名があり、そのちりめんもかなぎちりめん、かますご干しなどと呼ばれます。このちりめんは色が少し赤みがかり、カタクチイワシのものと比べると見た目が劣ります。また瀬戸内地方では、春になるとイカナゴの稚魚を佃煮にしたくぎ煮が多く出回ります。

2　製造工程—乾燥にともなううま味やエキス成分の変化

（一）茹でることでうま味たっぷり

ちりめんじゃこは、**図1**に示すように水揚げされたしらすを洗浄してから塩水で茹で、それを乾燥させてつくられます。茹でたまま、乾燥させない状態のものが、釜揚げしらすです。ウルメイワシはもちろん、カタクチイワシやマイワシも速やかに鮮度が低下するので、上質なちりめんじゃこをつくるためには、水揚げからなるべく短時間のうちに茹で上げる必要があります。水揚げしてから速やかに加熱すると、うま味成分のイノシン酸含量は生のものよりも増加します。

図2は、市販品を購入してそのちりめんじゃこに含まれるイノシン酸の含量を調べたものです。併せて冷凍で流通している生しらすを解凍したもの、釜揚げしらすについてもその量を調べて示しました。

図１　ちりめんじゃこおよび釜揚げしらすの製造工程

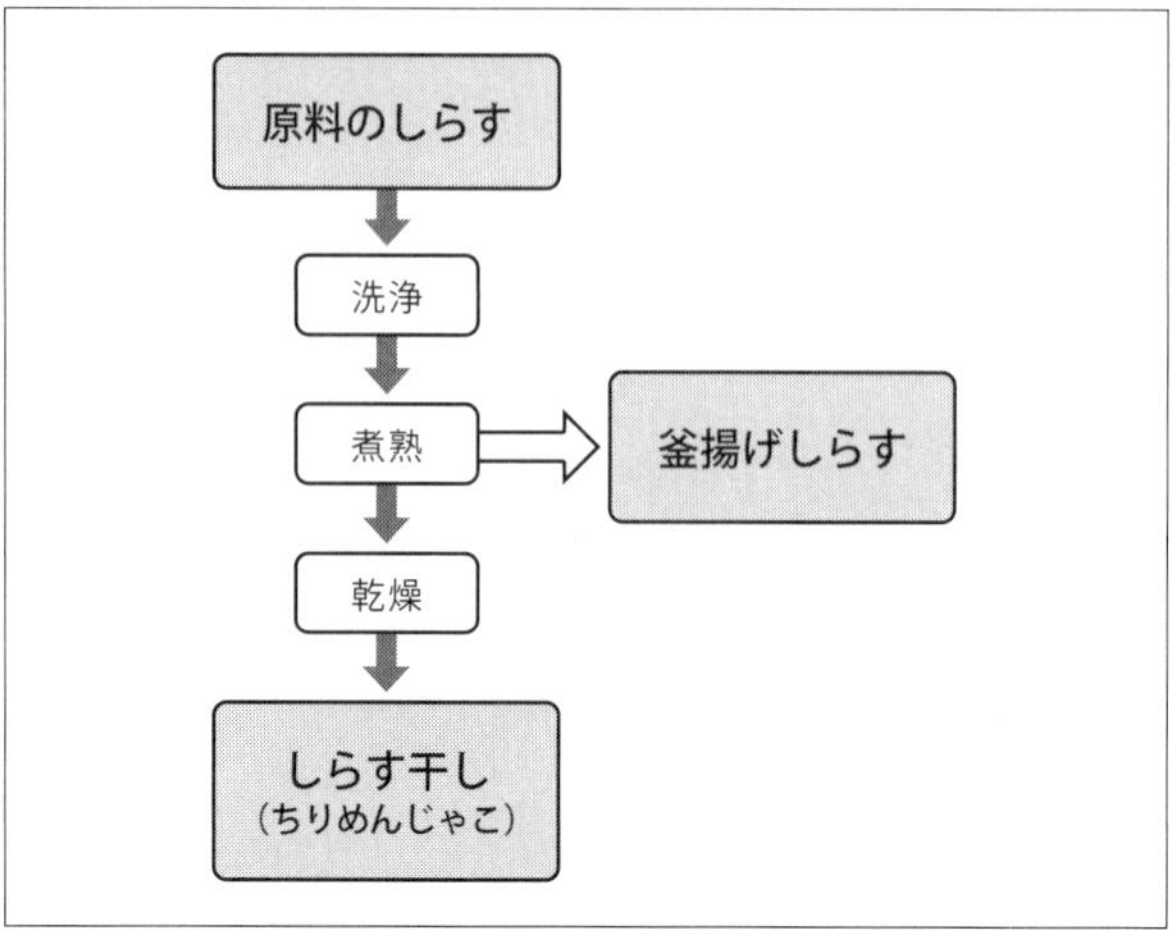

図２　ちりめんじゃこなどのイノシン酸含量

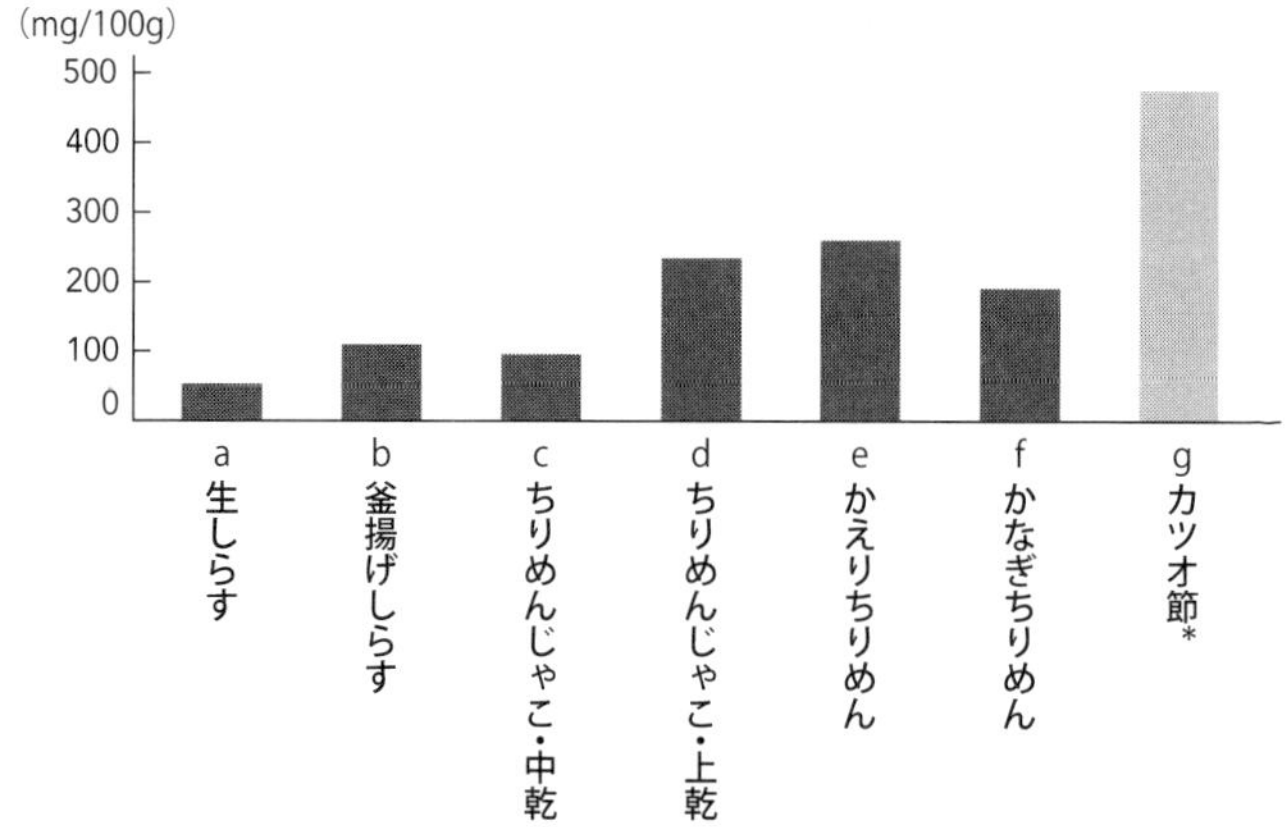

水分含量　a：82%，b：75%，c：67%，d：45%，e：30%，f：50%，g：15%
* 福家眞也ら：日食工誌，**36**，69-70（1989）

一般に魚肉中のイノシン酸は加熱によってその量が増加しますが、しらすでも生しらすよりも茹で上げられたものの含量が多くなっています。また、乾燥によって濃縮され、うま味が増加することがわかります。この図ではさらに、カツオ節のイノシン酸含量についても示しています。カツオ節では一〇〇グラム中四七四ミリグラムであるのに対して、しらす加工品では多いものでもその量はおよそ半分程度です。しかし、カツオ節では「だし」をとって主にそのだし汁を使用するのに対して、ちりめんじゃこの場合はそのまま全部食べてしまうことを考えると、これでもうま味はたっぷりだといえるでしょう。

しらす干しの製造時には原料を煮沸しますので、付着している細菌は死滅し、自己消化酵素も失活するので保存性が高まりますが、茹でることでエキスの一部が茹で汁に流出してしまいます。この茹で汁をだしとして販売しているところもあるくらいです。

(二) エキス成分の変化

味に関与する成分の一つとして遊離アミノ酸があげられます。その中からグルタミン酸、タウリン、ヒスチジンの含量を**図3**に示しました。これらは茹でによる溶出で、その量が生のものよりも少ない値となっています。そして乾燥がすすみ水分量が少ないものほど、濃縮によって含量は多くなっています。食品のうま味成分として知られているグルタミン酸は、ここでは一〇〇グラム中一七~四三ミリグラムと多くはありません。また、六種類全てについて、血圧抑制作用や脂質の代謝改善作用が注目を集めているタウリンが多く含まれています。イカナゴを原料とするかなぎちりめんについてはタウリンの量が特に多く、ヒスチジンについては他と比べて少なくなっています。

(三) 乾燥の度合いはいろいろ

茹でたしらすは機械あるいは天日で乾燥します(写真1)。水分が五〇パーセント以下になるまで乾燥させたものは上干(上乾)、もう少し水分が多いものは中干(中乾)と呼ばれています。日本食品標準成分表においても、しらす干しは微乾燥品と半乾燥品の二通りが記載されています。その説明として、「消費地によりかなり硬さの嗜好傾向が異なるため、主に関東に出荷される多水分の『微乾燥品』、主に関西に出荷される低水分の『半乾燥品』に分けて収載した」とあり、その水分含量は、微乾燥品で六九・九パーセント、半乾燥品で四六・〇パーセントとなっています。

図3　ちりめんじゃこなどの主要な遊離アミノ酸含量

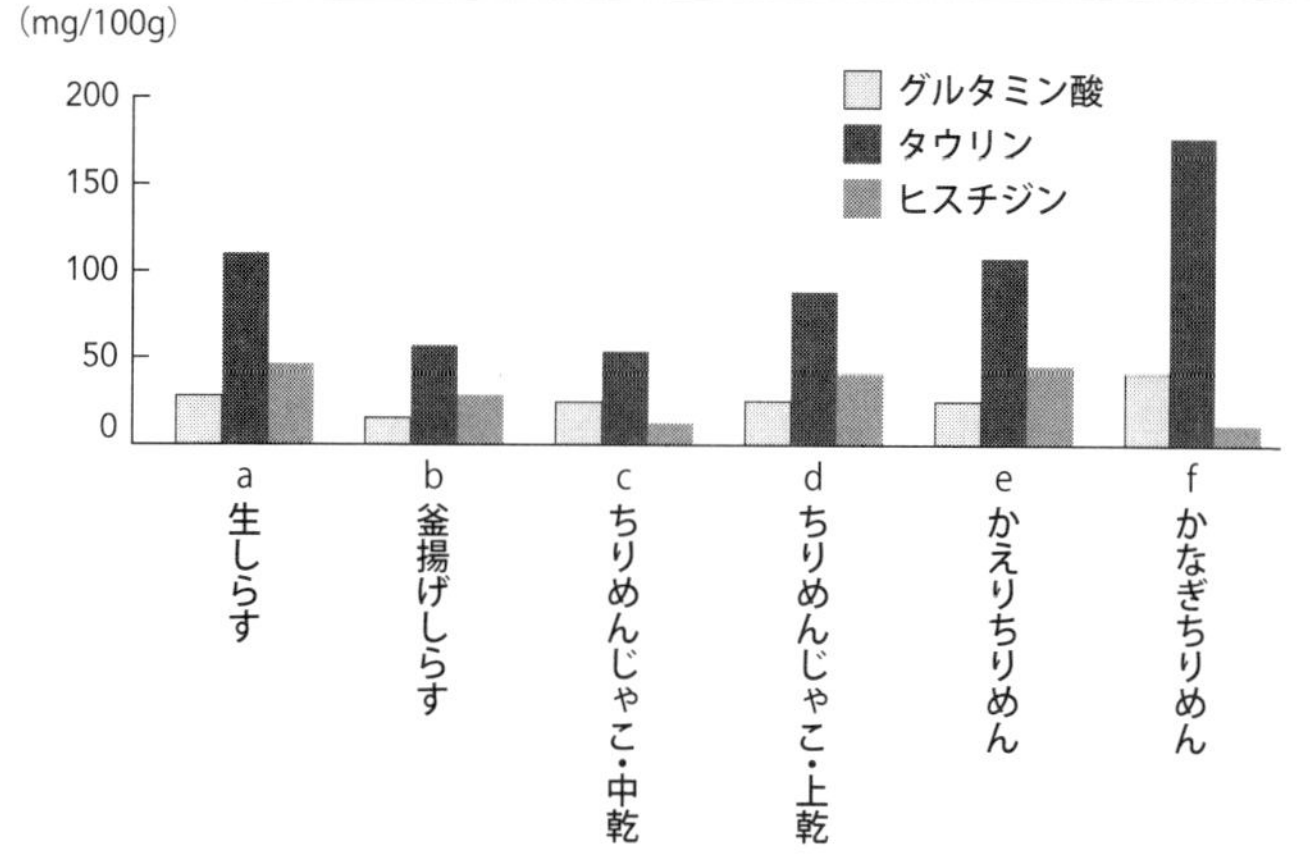

水分含量　a：82%，b：75%，c：67%，d：45%，e：30%，f：50%

3　栄養面でも優等生

ちりめんじゃこは栄養価という面からみても、優等生といえます。タンパク質が豊富で、海から遠く離れた京都では鮮魚が入手しがたかった時代、貴重な動物性タンパク質の供給源でした。また、骨ごと食べることからカルシウムも豊富です。さらに、カルシウムの吸収や骨の成長を促進するビタミンDや、皮膚や粘膜を正常に保ち免疫力を高めるビタミンAも多く含まれています（**表1**）。

また、牛肉と比べて多価不飽和脂肪酸のエイコサペンタエン酸（ＥＰＡ）やドコサヘキサエン酸（ＤＨＡ）も多く含まれています（**表2**）。これらには、心疾患やアレルギーを予防する働きがあります。特にＤＨＡの割合が高く、これは脳や神経の情報伝達に深く関わっており、記憶・学習能力の向上も期待できるといわれています。

しかし、茹でるときに塩水を使うため、塩分が多いこと、また、内臓ごと食べるためにコレステロールの値が高いことには注意が必要です。

表１　牛肉とちりめんじゃこの栄養成分の比較（可食部100ｇあたり）

成分	牛肉※1	ちりめんじゃこ※2
エネルギー（kcal）	316	206
水分（g）	56.4	46.0
タンパク質（g）	16.5	40.5
脂質（g）	26.1	3.5
コレステロール（mg）	84	390
炭水化物（g）	0.2	0.5
灰分（g）	0.8	9.5
カルシウム（mg）	3	520
リン（mg）	140	860
鉄（mg）	2.4	0.8
ビタミンA（レチノール活性当量）（μg）	3	240
ビタミンD（μg）	0	61.0
ビタミンB_1（mg）	0.07	0.22
ビタミンB_2（mg）	0.21	0.06
ナイアシン（mg）	3.8	7.4
食塩相当量（g）	0.1	6.6

日本食品標準成分表 2015 年版（七訂）より
※1 和牛肉かたロース赤身（生），　※2 しらす干し半乾燥品

4　調理によってもたらされるもの

図2からもわかるように、イノシン酸が十分量含まれているちりめんじゃこは、しっかりしたうま味を含んでいます。このうま味を利用して、大根おろしやご飯、トウガラシやフキの葉などに加えて味に深みを与えます。また、コンブといっしょに炊いて塩コンブをつくったり、コンブだしで炊いたすし飯に合わせたりすることで、コンブのもつグルタミン酸との相乗効果でうま味をアップさせたりもします。いろいろな酢の物に加えたり、また、ばら飯をつくるときには合わせ酢の中に付け込んでおいて、合わせ酢ごとご飯に混ぜ込むこともあります。ちりめんじゃこにはカルシウムが一〇〇グラム中五二〇ミリグラムとたいへん多く含まれていますが、その吸収率は牛乳・乳製品に比べると劣ります。しかし、柑橘果汁や米酢を添加することで、ちりめんじゃこのカルシウムが可溶化することが報告されています。つまり、酢の物

表2　牛肉とちりめんじゃこに含まれる脂肪酸の組成 (g/総脂肪酸100g)

脂肪酸		牛肉※1	ちりめんじゃこ※2
飽和脂肪酸	パルミチン酸	22.8	20.7
	ステアリン酸	9.1	5.1
不飽和脂肪酸	オレイン酸	53.5	7.2
	リノール酸	3.0	1.7
	α-リノレン酸	0.1	1.7
	EPA	0	11.9
	DHA	0	33.6

日本食品標準成分表 2015 年版（七訂）脂肪酸成分表編より
※1 和牛肉かたロース赤身(生)水分含量 56.4%,　※2 しらす干し半乾燥品　水分含量 46.0%

にすることでちりめんじゃこのカルシウムの吸収率を上昇させることが期待できるのです。つまり、古くから行われてきたこれらの調理法はたいへん理にかなったものであるということができるでしょう。

5 おばんざいとちりめんじゃこ

低温流通のシステムが整った現在では、塩水で茹でただけで乾燥の工程が加わっていない釜揚げしらすもスーパーで購入できます。それどころか、京都の回転ずしの店で、すしネタとして生しらすが出されます。このようにさまざまなちりめんじゃこが店頭に並ぶようになりましたが、ちりめん山椒（**口絵写真12・1**）をはじめとする旬の里の材料と合わせて炊きあげるおばんざいには、適度に乾燥させることで凝縮された濃厚なうま味と独特の食感をもったちりめんじゃこが必要といえるでしょう。

今、魚離れが進んでいます。「調理に手間がかかる」、「骨があって食べにくい」といったことがその理由に挙げられています。けれども、栄養価が高く、特に日本人が不足するカルシウムも豊富なちりめんじゃこは、骨ごと、しかもそのまま手軽に使えることから、是非とも利用したい食材です。

参考図書

飯塚久子ら：ＤＢＳ郷土料理シリーズ　京都の郷土料理，同文書院（一九八八）

社団法人全国調理師養成施設協会：改訂調理用語辞典，株式会社調理栄養教育公社（二〇〇二）
多紀保彦他：食材魚貝大百科 第1巻，平凡社（一九九九）
多紀保彦他：食材魚貝大百科 第4巻，平凡社（二〇〇〇）
農林水産省：平成二三年漁業・養殖業生産統計（確報）（二〇一二）
文部科学省 科学技術・学術審議会資源調査分科会：日本食品標準成分表二〇一五年版（七訂），全国官報販売協同組合（二〇一五）
文部科学省 科学技術・学術審議会資源調査分科会：日本食品標準成分表二〇一五年版（七訂）脂肪酸成分表編，全国官報販売協同組合（二〇一五）

13章 棒ダラ

遠藤金次

タラは、洋の東西を問わず、寒帯や亜寒帯の海の底近くに生息しています。タラ類は三亜種一一科約五〇〇種にわたって、多彩です。中でも重要なのは、タラ科に属している魚です。英国の国民食といわれるフィッシュアンドチップスのフィッシュはタラ科に属すコッドやハドックのフライです。日本の主要なタラ類であるマダラ・スケトウダラもタラ科に属しています。

これらのタラ類はイワシ類、サバ類、アジ類と並んで、世界的に重要な食用魚であり、その漁獲量は全世界の総漁獲量の約一割、八〇〇万トンに及んでいます。

1 日本のタラ

タラは鱈と書きますが、この文字は代表的な和製漢字です。雪が降りだす頃にやって来ることや、肉が雪のように白いことから、この漢字になったそうですが、漢字を必要とするほどポピュラーな魚であったのでしょう。

マダラは底生魚であり、冬に入る頃、産卵のために比較的浅い近場へ移動してくるので、この時期が旬です。以前は北陸や東北の日本海側でもかなりの水揚げがありましたが、現在では、水揚げの大部分は北海道です。

スケトウダラは、以前はタラコを採るためだけの魚であり、タラコを採ったあとはガラと蔑称されていました。この漁獲量は昭和三〇年代に冷凍すり身に加工されるようになって急増し、その後は、次第に落ち込んできていますが、今もまだ、マダラの漁獲量を凌駕しています。

二〇一六年のこれらの漁獲量は、マダラ五万八千トン、スケトウダラ一九万八千トンですが、これだけでは国内の旺盛な需要をまかなえないので、タイセイヨウマダラ、メルルーサ、ホキなどが輸入されています。また、スケトウダラは冷凍すり身としてもかなり輸入されています。

マダラはその雪のような白さと淡白な味を特徴としています。獲れたては特に美味で、魚類学で高名な末広恭雄さんは「透き通ったように白く、臭みがなく、鱈の卵をまぶしつけた子付けの刺身は北国の冬ならではの味わいがある」と書いています。刺身やコンブ締めのほか、漁期が寒い時だけに鍋ものや汁もののタネとして好まれ、ムニエルやフライにも向くし、肉だけでなく卵（京都では、戦前、マダラの卵を「タラノコ」）、スケトウダラの卵を「スケトノコ」と呼んでいました）も喜ばれるし、白子は（「クモコ」「キクコ」、「ダダミ」、「タツ」などと呼んで、珍重されます。新鮮なマダラの入手可能な所では、「あら」も一緒にして野菜類と煮込んだジャッパ汁（青森）やドンガラ汁（山形）を賞味しています。棄てるところなく利用するにはタラの新鮮さが必須ですが、タラの最大の弱点は鮮度が落ちやすいことです。

江戸時代の食べもの事典とでもいうべき「本朝食鑑」のタラの記述を少し長いですが引用すると、「タラは三越（越前・越中・越後）で秋から春にかけて獲れます。味は塩漬けのものが宜しく、生では宜しくない。ひと塩物は味が上品、塩の多いものは下品。淡白、単味で、これはただ新奇を賞するためだけのものである」とあります。速やかに味の落ちるタラの特徴は江戸時代から知られていて、江戸や京でタラを食べようとすれば、塩ものか干物が普通であったようです 産地を別にすれば、日本各地でマダラは塩物か干物で利用されてきましたが、流通技術の進歩によって、鮮魚や冷凍品が流通する時代になり、近年は塩物や干物は敬遠され気味です。

2 タラ肉の特徴

(一) 一般成分

表1にタラ筋肉の一般組成を示しました。この表は、タラ類は全て、脂質が少なく、いずれも一パーセントを切っていて、典型的な寡脂魚であることを示しています。この脂質量であれば汁もののタネにタラの切り身を使っても油が浮き上ることはなさそうです。タラ類の味が淡白な原因の一つは、この脂質の少なさに求められます。一般的に脂質含量が少ないと水分含量が大きくなることが知られています

表1　タラ類筋肉の一般成分（%）

魚種	水分	タンパク質	脂質	灰分
マダラ	80.9	17.6	0.2	1.2
スケトウダラ	80.4	18.1	0.2	1.2
コッド※	78～83	15.0～19.0	0.1～0.9	—
ハドック※	79～84	14.6～20.3	0.1～0.6	—
ヘイク※	80	17.8～18.6	0.4～1.0	—

無印：五訂 日本食品標準成分表（2005）
※ Torry Advisory Note 38（1969）

が、この表の水分量は、かなり多い部類に入ります。タンパク質含量が相対的に少なく、水分含量が多いことは、タラ肉の冷凍耐性の乏しさの原因にもなっています。

（二）タンパク質

タラ肉のタンパク質組成を表2に示しました。筋肉タンパク質はおおまかには、次の三種類に区別できます。まず筋繊維タンパク質ですが、筋肉のなかで規則正しい繊維状構造をとっているタンパク質であり、収縮／弛緩の繰り返しによって運動を担っているタンパク質です。量的に最も多く、全筋肉タンパク質の三分の二近くを占めています。次に多いのは筋形質タンパク質です。筋肉の中の繊維状構造を除いた溶液部分に含まれるタンパク質であり、筋漿タンパク質とも呼ばれます。三番目のグループの筋基質タンパク質（肉基質タンパク質とも呼ばれる）は膜、腱、皮膚などの結合組織を構成しているタンパク質です。魚は水中に生息していて、身体全体が水の浮力で支えられているので、陸上動物のように丈夫な結合組織を必要としないので、その量はわずかしかないのが普通です。

タラ肉は、他の魚種に比べて、筋繊維タンパク質がやや多く、筋形質タンパク質が少ない傾向にあることが**表2**から読み取れます。魚肉を加熱凝固させた場合、筋形質タンパク質は筋原繊維に付着して凝固するので、このタンパク質の多い魚種ほど加熱後の肉塊は硬く引き締まった状態になる傾向があります。逆に、タラ肉は筋形質タンパク質が少ないので、加熱凝固しても脆く壊れやすい肉塊になります。加熱凝固肉が壊れやすく、そぼろになりやすい点がタラ肉の特徴の一つです。

タラ肉が冷凍耐性に乏しいことはすでに述べましたが、その原因の一端は、タラの筋原繊維タンパク質そのものが冷凍変性しやすいことにもあるようです。

（三）エキス成分

魚肉の主要なエキス成分には遊離アミノ酸類、ペプチド類、有機塩基類、ATPとその一連の分解産物などがありますが、マタラとスケトウダラの遊離アミノ酸、ペプチド類の分析データを**図1**に示しました。

表2　魚類普通肉のタンパク質組成（%）

魚種	筋形質タンパク質	筋原繊維タンパク質	アルカリ可溶タンパク質	筋基質タンパク質
タラ	21	70	6	3
マエソ	28	66	—	—
トビウオ	29	68	1	2
カマス	31	68	2	3
ブリ	32	60	5	3
マサバ	38	60	1	1
マイワシ	34	62	2	2

岡田・衣巻・横関：新版「魚肉ねり製品」，恒星社厚生閣（1981）

図1　タラ類筋肉の遊離アミノ酸・ペプチドなどの含量(mg/100g)

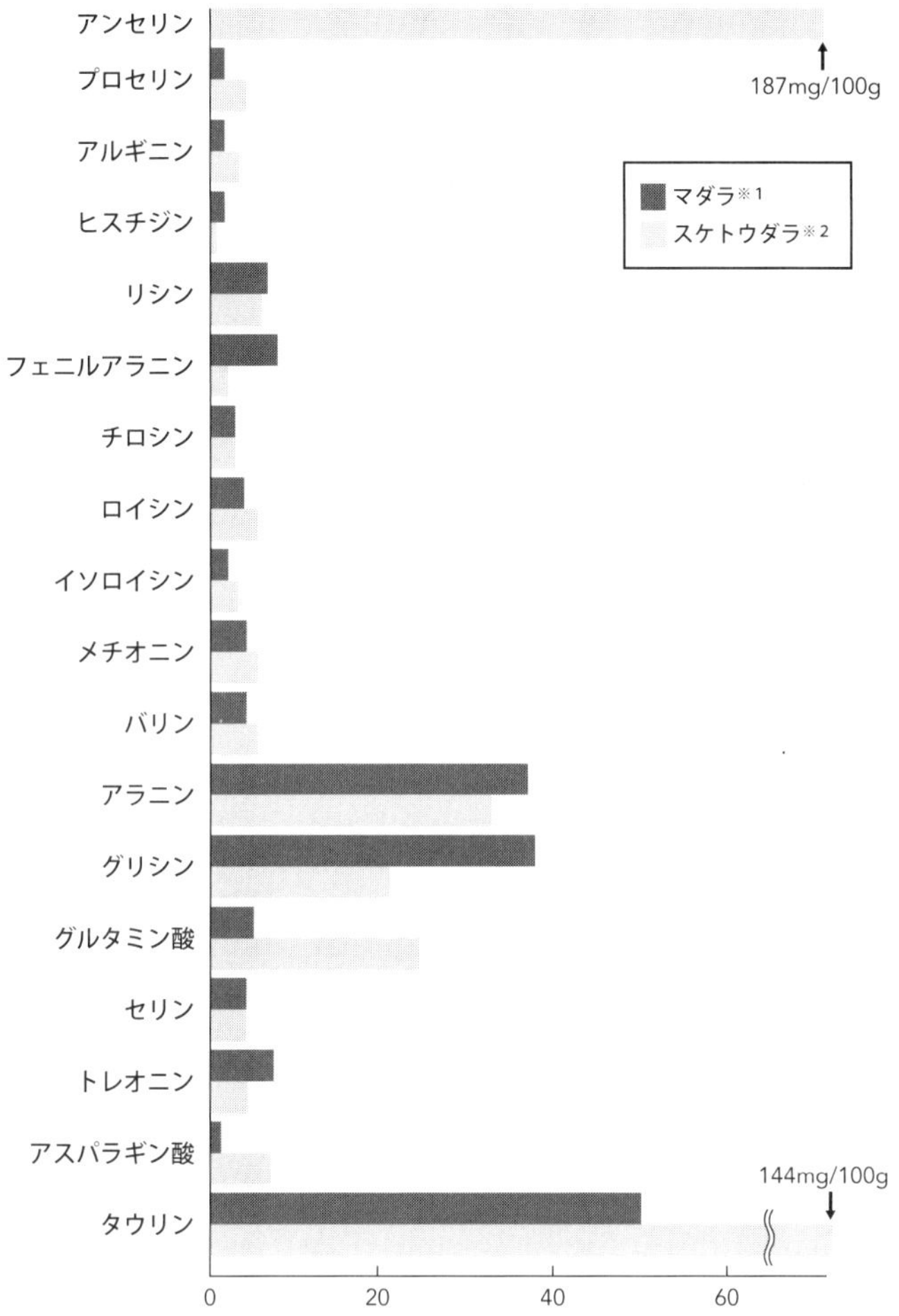

※1 村田道代・赤羽義章・塩田二三子・坂口守彦：調理科学，26，310-314 (1993)
※2 川崎賢一・船津保浩・伊藤裕佳子・本江 薫・鍋島弘明：日食工誌，44,192-198 (1997)

マダラの場合アンセリンの分析値が欠けているので、断定はできませんが、両魚種間で遊離アミノ酸などのエキス成分組成などにはほとんど差がなさそうです。アンセリン含量がかなり高いことからタラ類の食味との関係が注目されますが、今のところ、アンセリンの呈味効果についてはよくわかっていません。

ＡＴＰは生体内でエネルギーを必要とする反応に必ず利用される化合物であり、生きている骨格筋一〇〇グラムに約〇・四グラム含まれていて、これが、死後、筋肉中の酵素類によって、ATP[注1]→ADP→AMP→IMP→HxR→Hx と分解します。その分解速度は一般的にATP→ADP→AMP→ＩＭＰよりもIMP→HxR の方が遅いので、うま味物質であるＩＭＰが一時的に蓄積することになります。

このIMP→HxR の速度は魚種によって大きく

図2　0℃貯蔵中の各種魚肉のイノシン酸分解速度（相対値）

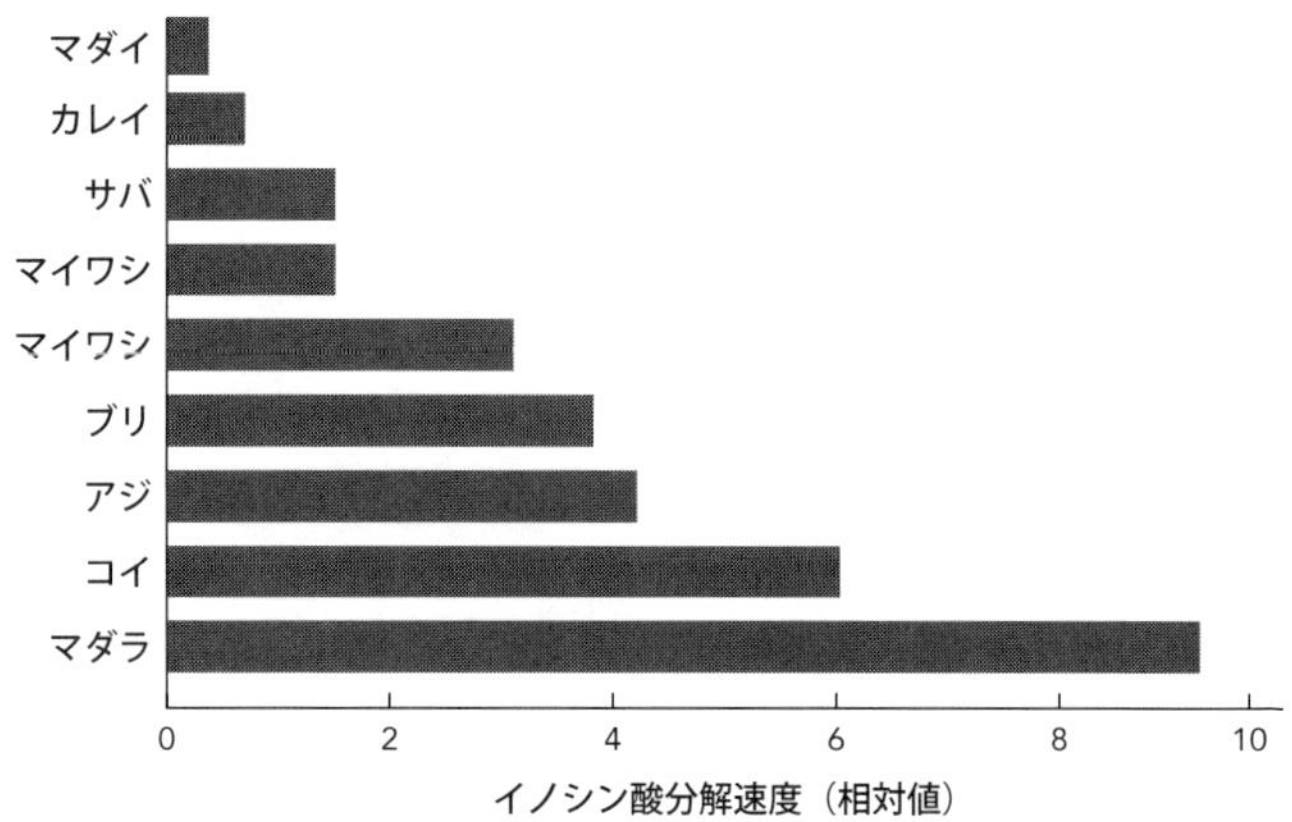

富岡和子・倉賀野妙子・山本裕美・遠藤金次：日水誌，**53**，503-507（1987）

異なります。このIMP→HxRの速度が早ければ、うま味成分が早く消失する（早くまずくなる）し、遅ければうま味成分が何時までも残る（まずくならない）、ということになるはずです。このIMP→HxRの速度をいくつかの魚種について比較した結果は**図2**のとおりでした。測定した魚種の中でこの速度の最も早いのがタラでした。最も遅いマダイと比べると、約二〇倍の差がありました。この分解速度が非常に速いことが、タラ類の特徴です。つまり、タラは死後急速にまずくなります。

〝タラの沖汁〟という俚諺が北国にあります。これは、〝タラは、獲れて直ぐに汁にするのが、一番おいしい〟という意味の俚諺ですが、北国の人達は、酵素反応のことなど知らなくても、獲れてから直ぐに加熱すると酵素の働きが止まって、うま味成分であるイノシン酸（ＩＭＰ）がそのまま温存されるので、一番おいしいことを、経験的に知っていたのでしょう。

注１ＡＴＰ：アデノシン三リン酸、ＡＤＰ：アデノシン二リン酸、ＡＭＰ：アデニル酸、ＩＭＰ：イノシン酸、ＨｘＲ：イノシン、Ｈｘ：ヒポキサンチン

3　棒ダラの製法

マダラの干物には塩干品と素干品があり、前者は「開きタラ」、後者が「棒ダラ」です。棒ダラは、もともと、大型のマダラを長時間かけて自然乾燥したものです。晩秋から春にかけて、マダラが水揚げ

される各地（東北の日本海沿岸と北海道の各地）で製造されていましたが、現在は、もっぱら稚内地方で製造されています。タラに限らず、質のよい干物を造るには、鮮度のよい原料を用い、鮮度を落とさないように速やかに乾燥するのが原則です。稚内は、地元の外に根室・釧路・小樽など各地に水揚げされるマダラを比較的容易に入手できる位置にあります。その上、冬から春にかけての気象条件が乾燥に向いています。稚内でも野寒布岬の西側の海岸線（富士見地区）は、西ないし北西の海からの寒風が非常に強く、ここに各社の棒ダラの干場が集中しています。

棒ダラ製造法の概略は次の通りです。背割りで内臓と背骨を取り除いた魚体を、前半部一〇センチほどを残して、腹割する（前半部がつながっていて、腹部から尾部にかけては左右二片に割れた形）。これを真水で丁寧に水洗し、屋外の乾燥台の竿に鞍掛けし、自然乾燥します。竿に鞍掛けした際、竿に接触する魚体の腹部は、乾燥の初期には、乾燥しにくいので、場合によっては、腐敗することがあります。これを防ぐために、竿送りと称して、竿にかけたマダラを竿上で少し異動させ、竿との接触部分の乾燥を促します。

また、場合によっては、ある程度乾燥がすすんだ段階で、「あんじょう」という操作をはさむことがあります。乾燥というのは物の表面から水を蒸発させて水を減らす操作ですが、水を速く蒸発させることだけを考えていると、表面が乾燥しきって硬く固まってしまい、中心部分に残っている水が表面へ滲出できなくなり、いくら風を送っても乾かなくなります。「あんじょう」は、乾燥中のものを、密封容器に入れるとか、竿から下ろしてシートを被せるとか、水の蒸発を一旦抑える状態に置く操作のことです。「あんじょう」によって、中心部分の水が表面近くに拡散してきて、表面がしっとりします。翌日からはこれを竿にかけて乾燥します。水の蒸発速度はこの時だけは落ちますが、結果的には、全体を均一にしかも速やかに、乾燥することになります。

魚体の大きさや気象条件によっても異なりますが、乾燥には、三〇〜五〇日間を要し、歩留まりは原料重量に対して一一〜一二%です。

稚内の棒ダラ乾燥場は、砂浜の先が日本海、海を渡ってくる寒風は、空っ風ではなく、わずかに湿り気のある寒風です。この僅かな湿り気が、魚体表面の水の蒸発速度と、魚体中心部分からの水の滲出速度とを上手くバランスさせているので、稚内に棒ダラ造りが集中するようになったと思われます。

寒いことは、棒ダラ製造には、どちらかといえば好ましい条件ですが、寒すぎて乾燥過程で魚体が凍結すると、スポンジ化による品質低下は避けられないので、寒いほどよいというものではありません。

4　食材としての棒ダラ

棒ダラの主成分は、日本食品標準成分表によれば、タンパク質七三・二パーセント、水分一八・五パーセント、灰分七・四パーセント、脂質〇・八パーセント、炭水化物〇・一パーセントです。これらの数値は、生のタラから水だけを減らしたと仮定して、計算した数値とほとんど一致します。つまり前述の製造工程では、水が減るだけでそれ以外の成分変化は起こっていないことを意味します。乾燥させるだけの操作ですから、当然といえば当然ですが、これらの主要成分の量的変化はほとんどありませんが、マイナーな変化は様々に起こっています。その中の気になるものをいくつか挙げてみましょう。

うま味成分はどうでしょうか。生のタラのうま味成分として最も重要なイノシン酸は、残念ながら乾燥過程中にほとんど全滅します。タラ類の筋肉には、イノシン酸を分解する働きの非常に強力な酵素が含まれています。水がなければこの酵素も働けないのですが、何しろ乾燥に一カ月以上を要するのですから、乾燥中に分解してしまうのを避けることはできません。

味と関係の深い遊離アミノ酸などは全体の含量はそれほど大きく変化しませんが、生では肉塊の中心部分に存在していた遊離アミノ酸類が、乾燥過程での水の滲透・拡散の際、水と一緒に魚体の表面近くに運ばれ、蒸発する水に取り残されて、表面に粉を吹いたように析出します。こうして表面近くに移行した遊離アミノ酸などは、この段階では、量的にあまり変化していないようですが、棒ダラ調理時の水戻し操作によってかなり流失しますので、調理操作まで考えると、遊離アミノ酸などの損失は避けられないと考えられます。

次はにおい成分です。棒ダラを水で戻す際のにおいを嫌がる人が多いようです。棒ダラのにおい成分を分析した結果によると、様々なものが見つかっています。アンモニア・ジメチルアミン（ＤＭＡ）・トリメチルアミン（ＴＭＡ）・酢酸・揮発性カルボニール化合物・硫化水素などです。これらのにおい成分は、魚肉に腐敗細菌が増殖した時に発生する腐敗臭や高度不飽和脂肪酸が酸化した場合のにおい成分と同じものです。稚内での棒ダラ製造期は冬〜春ですから、腐敗菌が簡単に増殖できる温度ではありませんが、このにおい成分が見つかっていることは、乾燥過程中に腐敗細菌が少しは増殖する余地があるということです。そして、量は少ないのですがタラの脂質の高度不飽和脂肪酸の酸化を止めることも難しい問題です。さらに、タラ類に見られる変わった現象ですが、トリメチルアミンオキシド（ＴＭＡＯ：海産魚に普遍的に見られる成分です。タラ類には、この含量の高いものが多い）を分解してフォルムアルデヒドとＤＭＡを生成する酵素を含んでいるので、乾燥中にこの酵素が働いて、ＤＭＡとフォルムアルデヒドを蓄積することになります。この両者も棒ダラ独特のにおいの有力な原因成分と考えられます。

稚内の強い寒風はこれらのにおい成分の生成をある程度抑制するとともに、その蒸散を促すと考えられます。その上に、近年は、仕上がった製品を低温貯蔵するようになっているので、以前のものとの比較はできませんが、近年の製品の方がにおいの点で優れているのではないでしょうか。

5　棒ダラの調理

カチカチに硬い素干しであり、そのままでは容易に咀嚼できないので、焙って解すか、水で戻して軟らかくするのが、棒ダラ料理の第一歩です。関西や東北では、水で戻したものを一口大に切り、芋と組みあわせて煮ることが多いのですが、京都では、里芋の一種である海老芋と炊き合わせたものが名物料理となり（**口絵写真13・1**）、「芋棒」（平仮名の「いもぼう」は京都・平野屋の登録商標）として名が高いです（**写真1**）。

芋棒の調理方法の詳細は専門書に譲りますが、その概略は以下の三過程に分かれます。

(1) 水戻し

毎日水を取り替えながら、棒ダラを水に浸す。場合によって水の代わりに米のとぎ汁を用います。糠の脂質分解酵素が、渋味の原因である脂質酸化物を除去するといわれています。また米のとぎ汁中のコロイド成分が渋味や臭い成分を吸着する効果もあるといわれています。水戻しの期間は夏期で三日間、冬期で一週間程度。

(2) 水煮

戻した棒ダラを一口大に切り、水をたっぷり加えて煮

写真1　京都平野屋本店

ます。暫らく沸騰を続け、その後，煮汁を冷水と入れ替えて、放冷します。この際、水ではなく番茶で湯がく方法もあります。茶カテキンなどが脂質酸化物のにおいを除去するのに有効であるとされています。

(3) 味付け

棒ダラにはイノシン酸をはじめとするタラ由来のうま味成分はほとんど期待できないので、調味料の味をいかに浸み込ませるか、が決め手になります。コンブ、カツオ節、煮干しなどの「だし」の中で長時間煮て、途中で茹でた海老芋味を入れ、各種調味料を加えてさらに煮ます。芋棒は、海老芋からの粘質多糖類とミネラルが棒ダラをしっとりと仕上げ、棒ダラからのゼラチンが海老芋の煮崩れを防ぐので、両者の組み合わせは絶妙です。このような絶妙の組み合わせのことを京都では「出合いもの」といいます。

参考図書

岡田　稔・布巻豊輔・横関源延：新版「魚肉ねり製品」恒星社厚生閣（一九八一）
末広恭雄：魚の博物事典、講談社（一九八九）

14章 コンブ

遠藤金次・石村哲代・奥田玲子

コンブは、ワカメ・ヒジキなどと並んで、代表的な食用褐藻類であり、コンブ科コンブ属とその近縁種の総称です。食用に用いられるのはマコンブ・リシリコンブなど約一〇種類であり、わが国では、いずれも、寒流水域である三陸以北、主として、北海道沿岸の岩礁に群生しています。

わが国で生産される海藻類のうち、コンブ類の生産量は六万七千トン（二〇一四年）であり、ノリ類に次いで多くなっています。

1 コンブ食の歴史

コンブは、かつては広布（広米ヒロメ）、細米（ホソメ）、海藻（ウミメ）、夷布（エビスメ）などと呼ばれていて、貢献品や交易雑物として蝦夷や陸奥から都へ運ばれていたことが「続日本紀」（七九七年）や『延喜式』（九二七年）に記録されています。平安時代頃までは、コンブの用途は主として薬用ないし縁起物用でした。ところが、鎌倉時代になって、宋代中国で目覚ましく発達した精進料理の技法が禅僧によって伝えられ、その影響を受けて日本料理が急速に発展します。豆腐などの大豆製品や麺類がレパートリーに加わり、コンブ「だし」で味を調える調理法が普及するようになります。

室町時代に入ると、コンブの生産や流通に関わる事情も変わり始めます。その頃まで、もっぱら先住民だけの世界であった蝦夷地へ和人が入るようになり、彼らは、行く先々の磯で種類の異なるコンブを見つけ、それを交易品に仕立てたのです。

北海道の開拓が進むにつれて、コンブの採取地が拡がります。採れるコンブの種類や採取量も増え始めます。採取されたコンブは、当初は東北の日本海側で「だし」を採るのに用いられるだけでしたが、その用途に変化が起こります。北陸地方で、トロロやオボロのような新しい加工品が生み出され、大阪では、コンブ佃煮に加工し、沖縄では、クーブイリティに調理されるようになります。この新しい需要は、コンブの交易量の増加を促します。こうして、北の海のコンブは、北海道の開拓の進展と、日本海の船便（北前船）の活躍に後押しされて、地域ごとに特色のあるコンブ食文化を形成してきました。

2　コンブ消費量の地域差

北海道のコンブは、前述のように、古くから、日本各地に運ばれ、薬用、縁起物用、食用として利用されてきました。江戸時代に入ると、日本海海運（北前船）が盛んになり、その移出量が増え、主用途は食用になり、各地の食習慣や調理・加工技術を適用して、地域独特の加工品（富山のコンブ巻蒲鉾や大阪の塩コンブなど）も造られるようになりました。その移出量、当然、消費量も増えました。

明治に入って日本社会の近代化が進められ、特に戦後はそれが加速され、生活習慣、中でも食習慣は大きく変化しました。北前船の時代に各地に定着したコンブ食文化は、近代化に伴う食習慣の激しい変化の過程で、どのように変わったでしょうか。コンブの消費状況の一端を明らかにすることも兼ねて、全国の都道府県庁所在都市と政令指定都市（合計五二都市）について、最近のコンブ消費量（各都市の二人以上の世帯における世帯当たりの年間コンブ購入金額［総理府：「家計調査年報」（二〇一六年）による］を調べてみました。コンブ消費量の多い都市の上位二〇位までは、**図1**のとおりでした。

このベスト二〇に入った都市は、東北地方から六市、北陸地方から三市、近畿地方から五市、九州地方から三市であり、関東地方・東海地方・四国地方の都市は皆無でした。これらの都市のうち特に、北陸や近畿からベスト二〇に入った都市は、奈良・京都のように、すでに古代末期に、献上物としてコンブが届いていたか、江戸時代に北前船の寄港地ないし終着港として名のある都市でした。これらの都市では、コンブ「だし」を日常的に利用したり、北陸のトロロやオボロ、大阪の塩コンブのような地域固有のコンブ加工品を創りだして、それを食べる習慣を定着させてきました。

つまり、これらの都市のように、少なくとも江戸時代にコンブを幅広く利用する食習慣を定着させた都市では、その習慣がきわめて安定していて、明治維新以降の食環境の大きい変化にもかかわらず、その消費量を維持する活力を持ち続けてきたと考えられます。

図1 コンブ購入金額 都市別ランキング1～20位(2013～2015年平均)

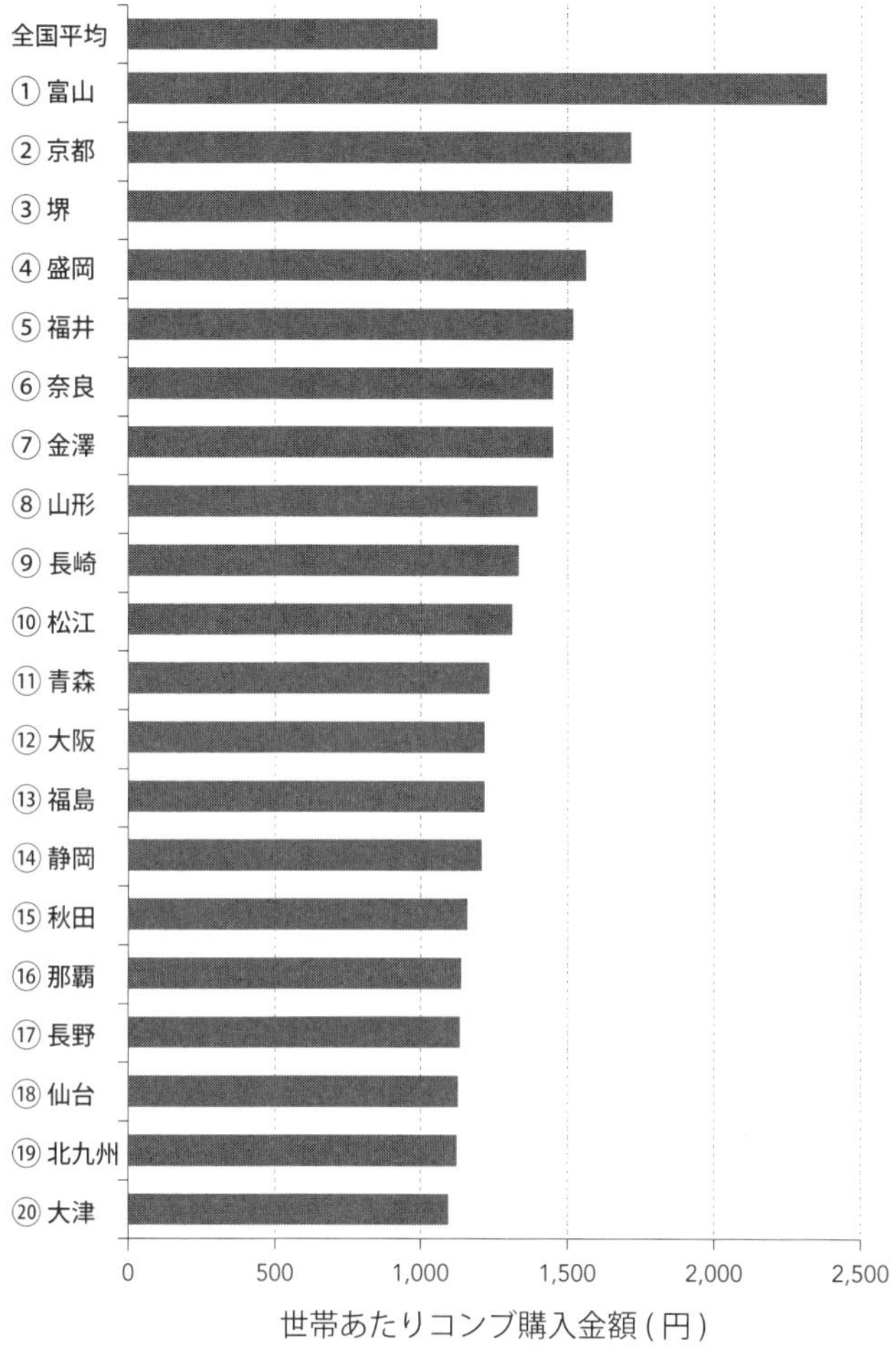

総理府統計局：家計調査年報（2016年）─調査対象は都道府県庁所在市及び政令指定都市（計52都市）在住の二人以上の世帯、調査年次は2013～2015年

つまり、少なくとも江戸時代に、コンブを幅広く利用する食習慣を定着させた都市では、その食習慣がきわめて安定していて、明治維新以来の食環境の大きい変化にもかかわらず、その消費量を持続する力を持ち続けているように見えます。

3　種類と用途

コンブの最もポピュラーな用途は食用ですが、その他に、縁起物としての用途やアルギン酸などの有用成分を取り出すための原料としての用途も知られています。

食用に供される代表的な六種類、マコンブ・リシリコンブ・オニコンブ・ミツイシコンブ・ナガコンブ・ホソメコンブ、の特徴・用途などを**表1**に示します。

コンブの食用用途は、「だし」用と、「調理・加工」用に大別できますが、表示したもののうち、マコンブ・リシリコンブ・オニコンブは「だし」用にも、「調理・加工」用にも用いられます。一方、ミツイシコンブ・ナガコンブ・ホソメコンブは主として調理・加工用です。

表1 コンブの主な種類と用途

種 類	形態・色調	主産地	食品としての特徴	主な用途
マコンブ	長さ：1.5~3.0m、幅：20~35 cm 表面は淡褐色、切り口は白~黄色	函館～室蘭沿岸	特有の甘味があり、「だし」は透明で、「だし」コンブとして大阪で好まれる。	「だし」用、おぼろ・とろろコンブ、白板コンブ
リシリコンブ	長さ：1.5~2.5m、幅：13~20cm 肉質やや硬く、表面は黒褐色	利尻・礼文・稚内沿岸	味・香りともに良く、「だし」は上品で透明。京都の懐石料理の「だし」に不可欠	「だし」用、おぼろ・とろろコンブ、千枚漬け用、白板コンブ
オニコンブ（羅臼コンブ）	長さ：1.5~3.0m、幅：20~30cm 表面は茶褐色	羅臼沿岸	「だし」は濃厚で、やや不透明。関東で「だし」として好まれるほか、富山などで広い用途。	「だし」用、コンブ締め用、菓子
ミツイシコンブ（日高昆布）	長さ：2~7m、幅：6~15cm 表面は黒緑色	日高沿岸	速く煮え、軟らかくなりやすい。コンブそのものを食べるのに適す。	「だし」用、コンブ巻き、各種惣菜用
ナガコンブ	長さ：4~12m、幅：6~18cm 縁辺部に縮れが無く、コンブ中最長	釧路沿岸	生産量が最も多い・「だし」にやや不適。煮えやすく、各種加工原料に適す。	コンブ巻き、佃煮、おでん、青板コンブ
ホソメコンブ	長さ：0.4~1.0m、幅：5~10cm 表面は黒色、切り口は最も白い	中・南西部日本海沿岸	粘りが強く、「だし」には不適	おぼろ・とろろコンブ、佃煮

表2 コンブ類の一般成分

エネルギー（kcal/100g）	138 ～ 153	炭水化物 （%）	55.7 ～ 64.7
水 分 （%）	9.5 ～ 13.2	灰 分 （%）	16.5 ～ 21.9
タンパク質（%）	7.7 ～ 11.0	食物繊維 （%）	24.9 ～ 36.8
脂 質 （%）	1.0 ～ 2.0	食塩相当量（%）	6.1 ～ 7.6

日本食品標準成分表（2015年）

4　成分とおいしさ

(一) 一般成分

表1に示した六種類のコンブ(素干し品)の一般成分の含量は**表2**のとおりであり、コンブの種類にかかわらず類似しています。

量的に最も多いのは炭水化物であり、その主成分は糖アルコールであるマンニトールと多糖類のアルギン酸です。前者は、乾コンブの表面に析出している白い粉の主成分であり、コンブの甘味は主としてこのマンニトールに由来します。また、後者はコンブから溶出する粘質物であり、このアルギン酸はマンヌロン酸とグルクロン酸で構成される複合多糖類の一種です。食酢によってコンブが膨潤・軟化しやすいのはこのアルギン酸が低分子化するからです。

コンブは、栄養学的には食物繊維(アルギン酸やフコイダンなど)の宝庫であり、さらにミネラル(カルシウムやヨウ素など)の豊富なことを特徴としています。

(二) 呈味成分

コンブには多量の遊離アミノ酸が含まれていて、その主なものはグルタミン酸、アスパラギン酸、アラニン、プロリンなどです(**表3**)。とくにうま味物質のグルタミン酸が著しく多く、遊離アミノ酸合

表３　主な海藻の遊離アミノ酸含量（mg/乾物100g）

アミノ酸	マコンブ	ワカメ	アサクサノリ
アラニン	150	617	1,754
アルギニン	2	37	11
アスパラギン酸	1,450	5	310
グルタミン酸	4,100	90	1,378
グリシン	9	455	20
ヒスチジン	1	2	16
イソロイシン	8	11	16
ロイシン	5	20	35
リシン	5	35	12
メチオニン	3	2	5
フェニルアラニン	5	9	17
プロリン	175	156	−
セリン	27	64	41
タウリン	1	12	1,569
トレオニン	17	90	38
トリプトファン	+	6	−
チロシン	4	10	4
バリン	3	11	37
合計	5,965	1,632	5,246

＋痕跡量　　-　検出せず
大石圭一編：海藻の科学、朝倉書店（1993）
鴻巣章二・橋本周久編：水産利用化学、恒星社厚生閣（1992）

計量の七〇％近くを占めています。同じ褐藻類のワカメでは六パーセント、アサクサノリ（紅藻類）でも二六パーセントですから、コンブにはいかに多量のグルタミン酸が含まれているかがよくわかります。一方、魚介類の呈味成分となっている核酸関連物質はコンブ中にはほとんど含まれていないようです。コンブの中のグルタミン酸はたしかにうま味を与えますが、それだけでコンブ独特の味をだすことはできません。このほかにもコンブ独特の風味を醸しだす成分があるはずですが、残念ながらまだ明らかにされていません。

コンブの揮発性成分についてもあまりよくわかっていませんが、ノネナール、2-ノネノール、テトラデカン酸などが主要な揮発性成分であること、長鎖アルデヒドやセスキテルペンアルコールが「海藻」らしさを連想させる成分となっていることなどが知られています。加熱したときに漂うコンブの香りはこれらの成分に由来するのかもしれません。

5 「だし」のとり方と料理

コンブには、日本料理独特の「だし」をとるための素材という用途と、コンブ自体の食感やうま味を味わう調理・加工用としての用途があります。日本料理の中でも、特に、穏やかで優しいなかにも筋の通ったおいしさで全体の調和を保つことを身上にしている京料理には、コンブは欠かせません。ここではコンブの「だし」のとり方、つづいて代表的なコンブ料理をいくつか紹介します。

(一)「だし」のとり方

「だし」をとるとは、コンブに含まれるうま味成分(主としてグルタミン酸)の大部分を浸漬水中に溶出させることをいいます。そのための方法として、水だし法、煮だし法、カツオ節と併用する方法(混合だし法)などが用いられます。おいしい「だし」を得るための条件(温度や時間など)は、コンブの種類、等級、生育場所といったコンブ自体の品質の他、部位、厚さ、使用量や料理の種類などによっても違いますが、ここでは一般的によく用いられている方法について述べてみましょう。

(1) 水だし法

水に対して一〜二パーセントのコンブを用い、表面を固く絞った濡れ布巾で軽く拭いてから水に浸けます。冷蔵庫で一〇〜一二時間浸漬した後、コンブを引き上げると、上品でマイルドな「だし」をとることができます。主に精進料理やすし飯、吸い物、酢の物などの「だし」として用いられ、繊細な味わいをもつ素材のうま味を効果的に引き出してくれます。反面、長時間の浸漬を必要とし、次に述べる煮出し法や混合だし法でとった「だし」に比べてややうま味にとぼしく、「こく」に欠けるのも水だし特有の持味といえます。

(2) 煮だし法

水に対して二～三パーセントのコンブを用い、表面を固く絞った濡れ布巾で軽く拭いてから、三〇分間以上水に浸漬し、そのまま火にかけて沸騰直前（約九〇℃）にコンブをとりだします**（写真1）**。これ以外の方法として温度管理に留意しつつ六〇℃で六〇分間加熱すると、「だし」中のグルタミン酸量が最も多くなり、味と香りが調和した好ましい「だし」がとれるとされ、京都の有名な料亭では、この加熱条件に近い方法を用いるところも少なくないようです。いずれにしても、コンブを高温で長時間加熱すると、「だし」が濁ったり、ぬめりや好ましくないコンブ臭が出たりして、コンブ「だし」本来の清澄な持味が損なわれてしまうので注意が必要です。

(3) 混合だし法

15章でも述べられているように、コンブとカツオ節を併用してとる混合だし法は、今日では最も多く用いられる「だし」のとり方といえます。この方法により得られた「一番だし」の代表的な用途は「吸い物」であり、この味こそがその場で供される料理全体の品格を決めるといっても過言ではありません。さらに「一番だし」をとった後の残りのコンブとカツオ節に適量の水を加え、五～一〇分間加熱したのちに濾してとったものが「二番だし」で、これは主に惣菜や味噌汁などの「だし」として用い

写真1　コンブの「だし」をとる

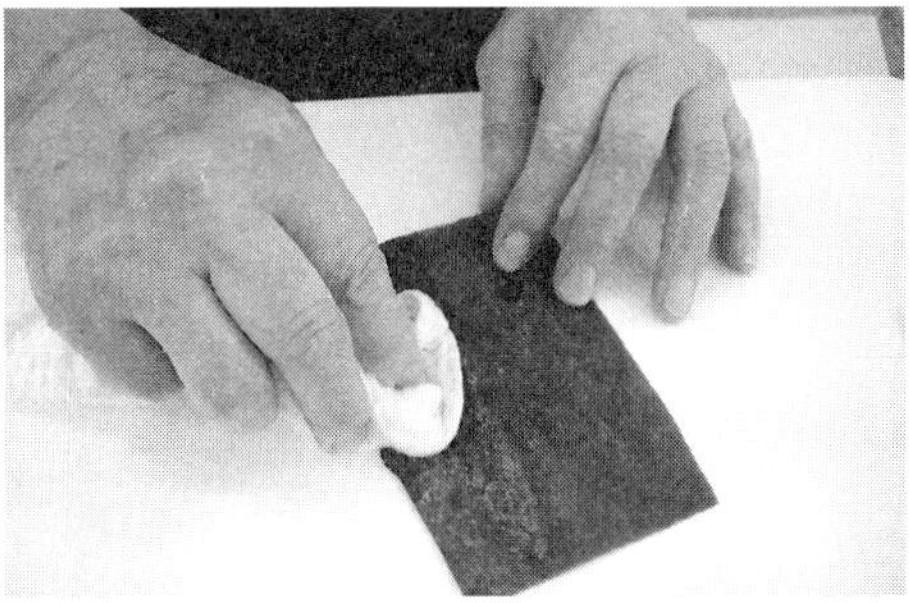

1）固くしぼった濡れ布巾でコンブの表面を軽くふく。

2）鍋にコンブを水とともに入れ、30 分間以上浸漬する。

3）鍋を火にかけ、沸騰直前（約90℃）にコンブをとり出す。

られます。

(二) コンブの料理

(1) 他の食材と一緒に加熱してうま味を浸透させる料理例

すし飯を炊く場合は、洗った米と一緒にコンブを三〇分間以上浸漬した後、コンブをとりだしてから加熱する方法、あるいはコンブを浸けたまま加熱し、沸騰直前にコンブをとりだして炊飯する方法、またはコンブをとりださずにそのまま炊飯する方法などがあります。いずれの場合も、コンブのうま味が飯粒の中心部分まで浸透し、合わせ酢の酸味を程よく抑えるので、まろやかで上品なすし飯ができ上がります。また冬の鍋料理を代表する湯どうふは、土鍋の中に水と一緒にコンブを入れて豆腐とともに加熱し、中心部まで火が通れば豆腐を掬い上げて薬味とともに食します。豆腐にコンブのうま味が加わっておいしさが増すだけでなく、コンブに含まれるNa^{+}には、豆腐の凝固剤であるCa^{2+}が大豆タンパク質と結合して豆腐の収縮固化を促進する作用を抑える働きがあるため、鍋の中で高温加熱を継続しても豆腐のソフトでなめらかな食感が保たれるといわれています。湯どうふ以外にも、ちり鍋や水炊きなど、高級食材を用いた鍋料理にとってもコンブの存在は不可欠といえるでしょう。

(2) 他の食材と接着させてうま味を浸透させる料理例

食材を、載せる、包む、挟むなどの方法で、コンブと直接接触させ、一定時間ねかせて、うま味成分を食材に浸透させた後、そのまま、あるいは加熱して食する料理法があります。

魚のコンブ〆は、高鮮度の魚肉に軽く塩を振って一〜二時間おいた後、酢で湿らせた布巾で軽く拭いたコンブの間に挟んでラップで包み、軽く重石をして冷蔵庫内で二〜三時間程度ねかせます。この間にコンブのうま味は魚肉に浸透するとともに、魚肉から分離する液体はコンブに吸いとられて身が引き締まります。表面の水分を拭きとり、そぎ切りや細づくりにして二杯酢や橙酢とともに食卓にあげます。魚肉のうま味とコンブのそれとの相乗効果によって、通常の刺身とは異なる独特の食感が加わり、おいしさが増強されるのです。サバずしやバッテラなども、サバ肉とコンブを組み合わせて調製しますが、これらも同様の原理を活用した料理例といえるでしょう。

さらにコンブの名産地として知られる松前藩（現在の北海道松前郡松前町周辺）の郷土料理に由来する松前焼や松前蒸しのように、皿の上にコンブを敷き、その上に新鮮な魚介類や野菜類を直接載せて、焼く、蒸すなどの加熱調理をおこない、コンブのうま味を食材に浸透させて食する料理もあります。

その他富山のコンブ巻き蒲鉾などもコンブのうま味を蒲鉾に浸透させて味を強化する例といえるでしょう。

(3) コンブそのものを食材とする調理・加工品の例

代表的な調理例としてはコンブ豆、コンブ巻き、千枚漬(代表的な京漬物の一種で、主材料はコンブと薄切りのかぶら)(**口絵写真14・1**)、松前漬、佃煮、揚げコンブなどが挙げられます。その他にもコンブ茶、塩コンブおよび乾燥塩コンブなどのコンブ製品がよく知られています。これらはいずれもコンブそのものを食材として利用するもので、京でもなじみぶかいものです。

このようにコンブは、その独特の風味とともに、海藻の中では最も他の食材と調和しやすい、癖のない性質を備えているところから、最近では日本料理だけでなく西欧料理や中国料理、韓国料理、さらにはスイーツの分野などにまで幅広く用いられるようになってきました。さらに近年では、すでに述べたようにコンブの優れた栄養生理機能が明らかにされてきたことに相まって、今後コンブの利用法の多様化が進み、消費者の関心が一層高まることが期待されます。

参考図書

今田節子:海藻の食文化、成山堂書店(二〇〇三)
大石圭一:海藻の科学、朝倉書店(一九九四)
山田信夫:海藻利用の科学、成山堂書店(二〇〇四)
太田静行:だし・エキスの知識、幸書房(一九九六)

熊倉功夫・伏木　亨（監修）：だしとは何か、アイ・ケイ・コーポレーション（二〇一二）
成瀬宇平・角田　文・加藤真理・秋田正治・村松啓義：京料理における一番出汁グルタミン酸量と香気成分について、鎌倉女子大学紀要，第10号、一四三－一四五（二〇〇三）
山崎清子・島田キミエ・渋川祥子・下村道子：新版調理と理論、同文書院（二〇〇三）
福田　裕・山澤正勝・岡崎恵美子（監修）：全国水産加工品総覧、光琳（二〇〇五）
奥田弘枝：調理科学講座Ⅱ、朝倉書店（一九九三）

15章 カツオ節

遠藤金次・石村哲代・奥田玲子

世界のカツオの漁獲量は、近年、三五〇万トン前後で、その資源は今のところ安定しています。国別で比較すると、日本の漁獲量は三十数万トンと世界一であり、さらに数万トンを毎年輸入しています。

カツオは、外洋を広く回遊する典型的な暖流系の魚であり、日本周辺では春から夏にかけて太平洋側を北上します。カツオというと、山口素堂の句「目には青葉 山ほととぎす 初鰹」が枕詞のように引用されますが、この初鰹とは黒潮に乗って北上するカツオの獲れはじめの頃の呼称であり、薩南海域では三月、東海・関東付近では初夏がその時期にあたります。北上するにつれて次第に脂肪が蓄積し、秋風が立つ頃、たっぷり脂の乗った状態で南下します。この南下群は「戻り鰹」と呼ばれています。

黒潮から遥かに離れた京都は、生のカツオにあまり縁がありませんでしたが、長い間ミヤコであったお蔭で、賦役品として地方から届けられるカツオの干物やカツオ節には馴染んでいて、カツオ節の「だし」で味を調える調理法を発達させてきました。また、明治以降、カツオ節よりはるかに軟らかい「なまり節」が出回るようになると、京都の庶民は「おばんざい」（京都の惣菜）にそれをとり込み、季節の野菜などと薄味で炊き合わせて、京の味をつくるようになりました。京都の、カツオとの関わり方を家計によって（「家計調査年報」二〇一五年）調べてみると、生鮮カツオ消費量の全国一位は高知市であり、春から夏にかけてカツオの獲れる太平洋岸沿いの都市がこれに続き、黒潮から遥かに遠い京都の順位は全体の真ん中あたりです。ところが、京都のカツオ節消費量は全国平均をかなり上回っていて、都道府県庁所在都市の中での順位は一〇位と頑張っています。

1　カツオ節の製造工程

腐りやすい魚を保存するために、古くから干物が造られてきました。干物には、生のまま乾燥したもの（素干し、塩干し）と、火を通してから乾燥したもの（煮干し、燻乾品）があり、ゴマメや棒ダラは前者の代表例であり、カツオ節や「だしじゃこ」（カタクチイワシの煮干し）は後者の代表例です。火を通してから乾燥する方法では、熱による殺菌のほかに、イノシン酸（カツオ節のうま味成分として単離された化合物）や筋肉タンパク質などを分解する酵素類が熱で失活し、乾燥・保存過程での自己消化が抑制されるので、カツオ節やイワシの煮干しにはイノシン酸がたっぷり残っています。

カツオ節の製造工程の概略は**図1**の通りです。カツオ節の製造工程は、乾燥過程での変質・腐敗を避けながら、分厚いカツオ煮熟肉の中心部分まで均質に乾燥することを目的にしています。同時に、「焙乾」では浸透する煙成分によって、カツオ節特有の香りが付与されます。また「カビ付け」による脂肪の分解によって、だし汁が濁らなくなることも知られています。

図1　カツオ節の製造工程

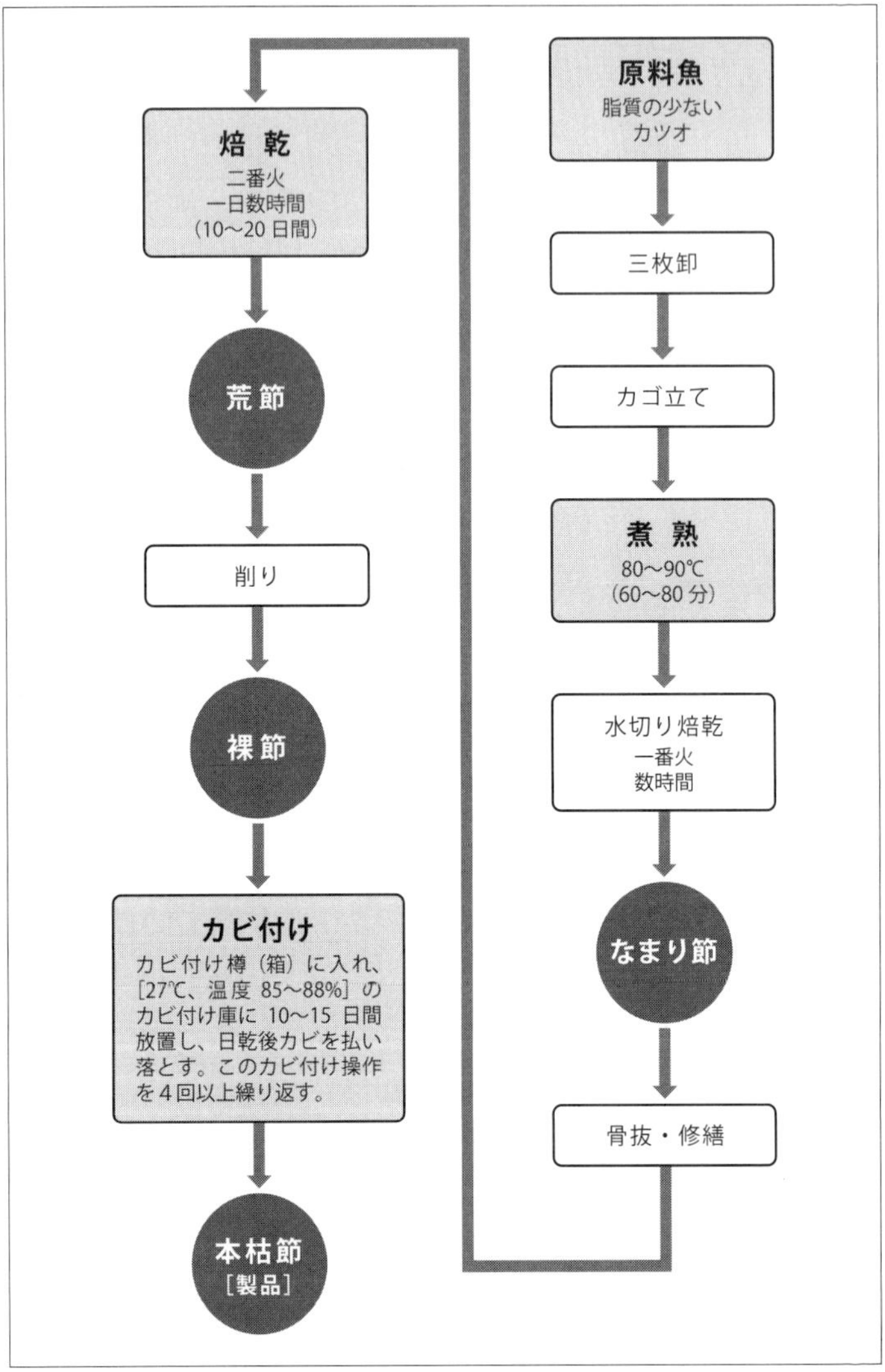

カツオ節製造過程での主要なエキス成分の変化は**図２**（ここでは、原料魚での値を一〇〇とした相対値で図示しました）の通りです。この図から、主要なエキス成分は、最初の煮熟操作で、約二割程度失われ、その後の各工程でも徐々に減少することがわかります。これらの成分変化の傾向から判断すると、カツオ節の製造過程で繰り返される焙乾・日乾・カビ付けなどの工程は、有害微生物の増殖を防ぐことを通じて、うま味成分を含むエキス成分の消耗を最小限に抑制する役割を果たしていると考えられます。しかし、カツオ節のうま味を構成する最も重要な成分であるイノシン酸やグルタミン酸を積極的に作り出しているわけではありません。

　魚介類の干物に共通する弱点の一つに、魚介類に多い高度不飽和脂肪酸の酸化によって有害成分や悪臭成分が蓄積することが知られていま

図２　カツオ節製造過程における主要なエキス成分の変化

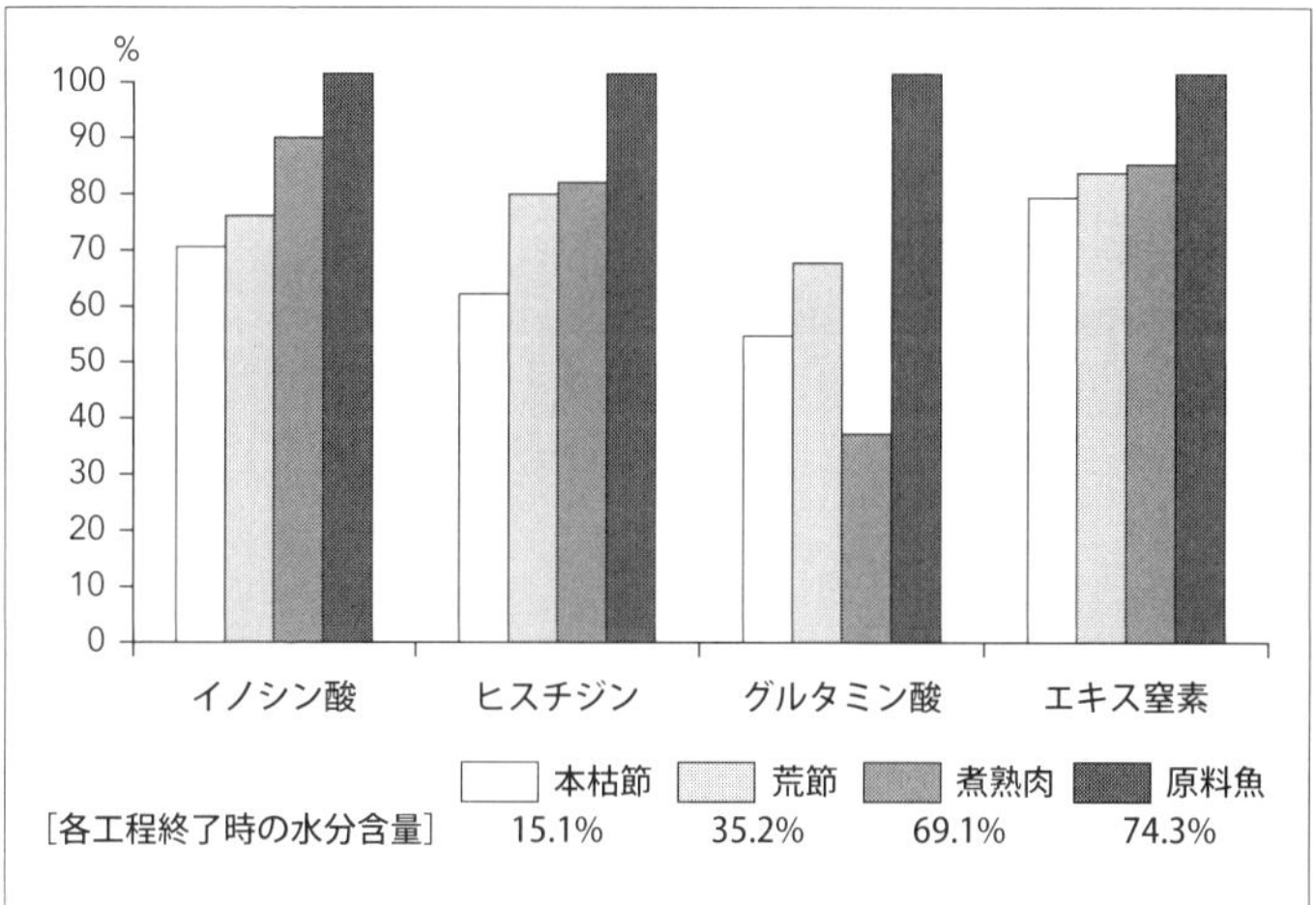

藤井建夫：塩辛・くさや・かつお節，恒星社厚生閣（1992）

す。カツオ節も例外ではありませんが、カツオ節の場合は、原料魚に寡脂魚を選ぶことや、カビ付けにおける脂質の分解によって、脂質酸化の悪影響を上手く避けています。

2 「だし」の成分のおいしさ

「だし」にはタンパク質や脂質、糖質などの高分子成分が含まれていますが、このほかに低分子の有機成分やさまざまな無機成分も含まれています。こちらを一般にエキス成分といいます。エキス成分はきわめて多種類の成分の集合体で、これらの中で味やにおいに直接関係しているものを呈味成分と呼びます。これまでにカツオ節の呈味成分として**表1**に示したような物質が同定されています。

これらの呈味成分のうちで、グルタミン酸とイノシ

表1　カツオ節呈味成分とその呈味への寄与

呈味成分	各成分の呈味への寄与
グルタミン酸	うま味だけではなく甘味、持続性、こく、まろやかさなども与える。
イノシン酸	うま味だけではなく塩味、持続性、こく、まろやかさなども与える。
ヒスチジン	うま味と酸味に関与する。
乳酸	うま味と酸味に関与する。
Na^+	塩味だけではなく、こくも与える。
K^+	うま味とこくを与える。
Cl^-	うま味だけではなく、持続性、こく、まろやかさなどにも関与する。

福家眞也：かつおフォーラム"日本人はなぜかつおを食べてきたのか",
（財）味の素食の文化センター、119-124（2005）

ン酸は食品にうま味を与える物質としてよく知られています。とくに魚肉にはイノシン酸含量も多くうま味の発現に重要な役割を果たします。この表をみると、カツオ節ではグルタミン酸とイノシン酸はうま味だけではなく、多くの呈味に関わっていることがわかります。また、カツオ節中に含量の多いヒスチジンと乳酸はうま味と酸味とに関係し、無機イオンのNa^{+}、K^{+}、Cl^{-}などはさまざまな味を発揮します。

削ったカツオ節を観察してみると、枯れ節でも荒節でも黒褐色の部分が混じっていることがあります（**口絵写真15・1**）。これは血合肉の存在によるためで、その他の部分（普通肉）とは明らかに色彩が違っています。血合肉はうま味が弱く、特有の異味（雑味）やくせのある味をもっています。一方、普通肉はうま味が強く、あっさりした味を呈します。そのため京料理では普通肉だけで「だし」をとることがあります。けれども興味深いことに、普通肉からつくった「だし」に血合肉からのそれを一定量添加してみると、うま味のほかに「こく」の強いだしを調製できることがわかっています。

カツオ節の「だし」の香りは、「だし」を味わう前にも、味わっている時にもおいしさに影響します。香気成分としては、これまでに四〇〇種類以上が見つけられていて、主なものはピラジン類（焙焼臭）、フェノール類（燻煙臭）、含硫化合物（肉質的な香気）、魚らしさを示す香りの成分などです。興味深い点は、悪臭物質として名高い硫化水素（含硫化合物）が香気の発現に寄与していることです。カツオ節を削ってからしばらくすると、独特の香気が失せてしまうのは、硫化水素が酸化されてしまうためだと推測されています。

3　カツオ節の生産と消費

「焙乾」、「カビつけ」などの工程を組み込んだ本枯節の製法が土佐で完成したのは江戸中期のことです。このころから明治初期にかけて、カツオが水揚げされる日本各地で、土佐の方法を導入したカツオ節造りがはじめられたようです。既にスタートしていた仙台や焼津は、先進地の土佐などから技術指導を受けて、生産力を順調に伸ばして行きました。

カツオ節の消費の側にも状況の変化がありました。軍隊が新設されたことです。西南戦争の際、日持ちのする高タンパク質食品として、カツオ節の評価が高まり、日清・日露の戦いでは、膨大な量のカツオ節が携行食として軍に買い上げられました。そのために、その相場が二倍以上に跳ね上がったそうです。また、軍隊でカツオ節の味に慣れ親しんだ人たちが、退役後、出身地へ帰ってその味を伝え、カツオ節の普及を大いに促しました。

その後、漁船の動力化、南洋海域への出漁、南洋諸島でのカツオ節生産などを経験しながら、日本のカツオ節産業は順調に成長を続けましたが、第二次大戦によって壊滅的打撃を受けることになりました。零から再スタートした日本のカツオ節産業は、一九五〇年代半ばに戦前のレベル（カツオ節生産量約一万トン）に戻ったようです。

日本のカツオ節産業は、その後順調に生産量を増やし、最近の生産量は**図3**に示すように、三万トン

（輸入品やサバその他の節を含めると、その二倍強）を推移しています。この順調な生産量の伸びを支えたのは、削り節などの節加工品です。大正末期に、荒節の削り節をセロファン袋に入れて、「花がつお」と称して、販売されましたが、当時の包装技術では酸化による品質劣化がはげしいために、消費者から敬遠されました。

一九六〇年代になって、通気性の低い合成フィルムによる不活性ガス封入包装（フレッシュパック）が導入され、削り節の品質保持が可能になったので、小袋入り削り節が、急成長しました。さらに、カツオ節の使用形態は、**図4**に示すように、カツオ節の「だし」を再加工した、「風味調味料」や「めんつゆ」のような、使い勝手のよい形状のものに移行するようにみえます。

カツオ節は、各家庭で削って使うものではなく、袋や缶や瓶から振り出す、あるいは、掬い出して、

図3　カツオ節種類別生産量の推移

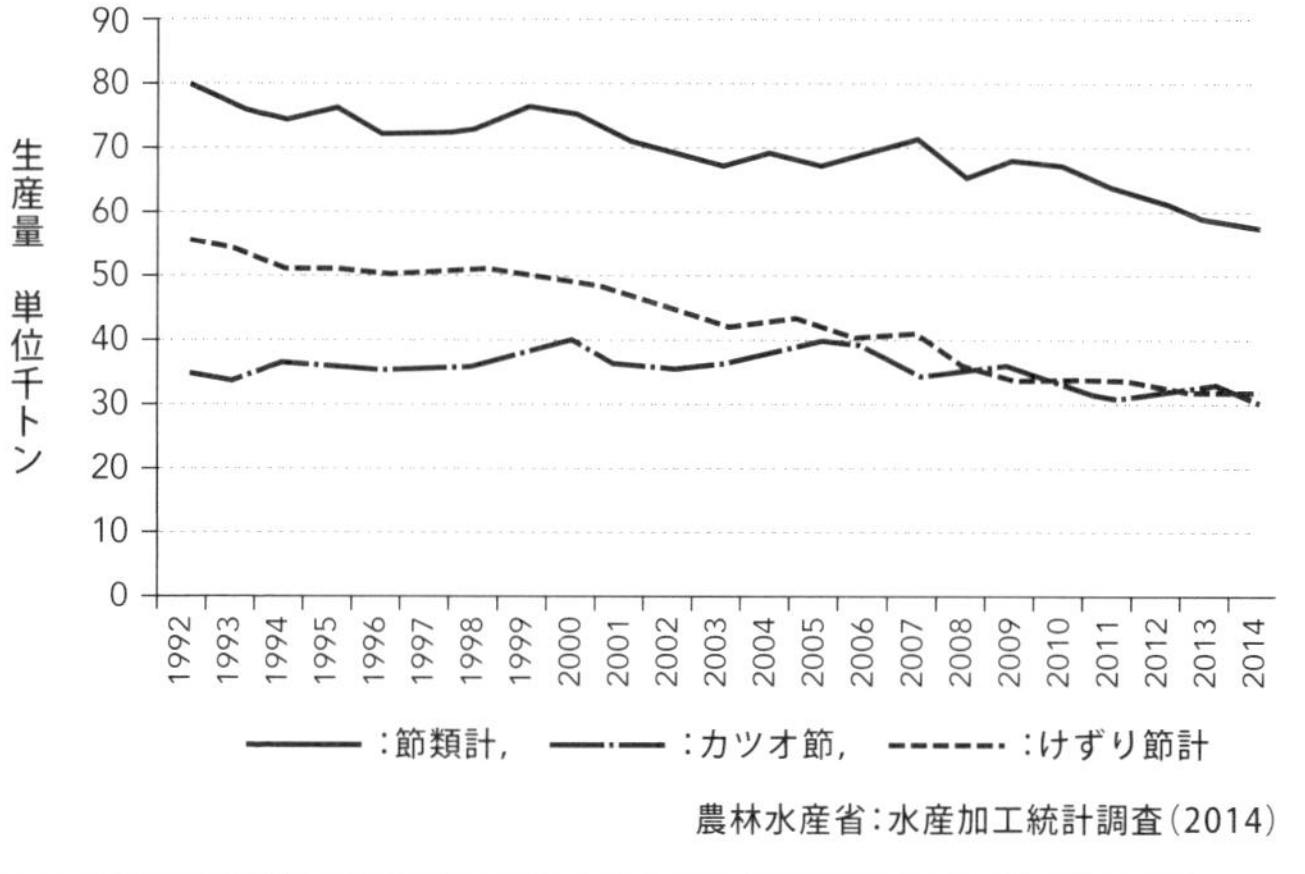

農林水産省：水産加工統計調査（2014）

使うものになり、「かつお節削り器」は、何時の間にか、台所から姿を消しました。

このようにカツオ節の消費形態が変わりつつある頃、生産側では、産地間競争が激化していました。日本一の土佐節を造りだした土佐や、一時期は焼津と並んで、トップ争いをしていた仙台などの名産地が衰退を余儀なくされ、今では、日本のカツオ節の九割以上が静岡県の焼津と鹿児島県の枕崎と山川の三カ所で造られています。

4 「だし」のとり方とその特徴

カツオ節の「だし」のとり方には、うま味成分を加熱して抽出する煮だし法と、水中に長時間浸漬して抽出する水だし法とがありますが、今日では、カツオ節単独の「だし」を用いることは少なく、コンブと併用する混合だしの方が日本料理の「だし」の主流となっています。

図4　削り節の利用配分（2011年）

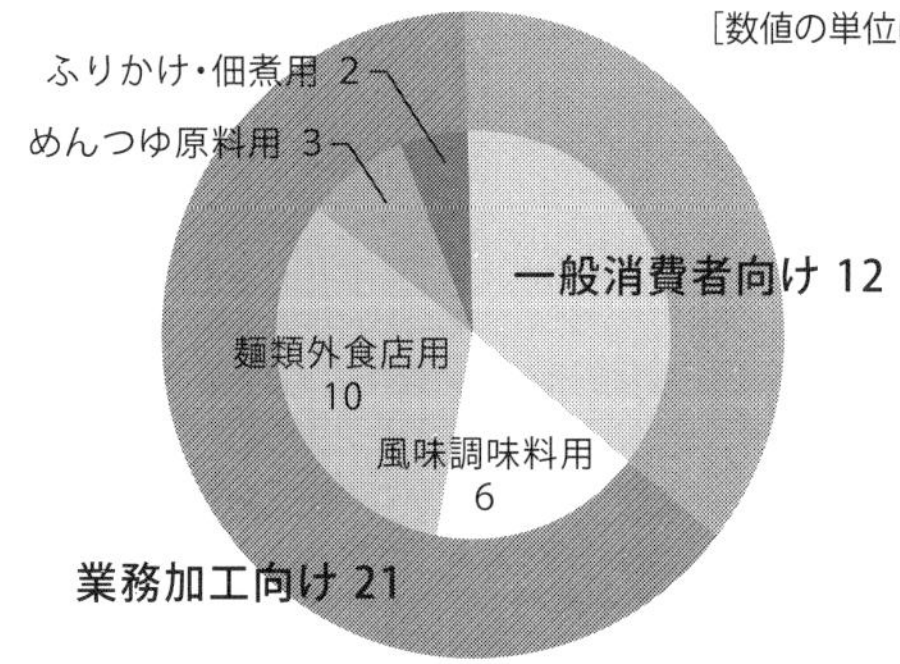

宮内泰助・藤林　泰：かつお節と日本人、岩波新書（2013）
図 3-3 を基に作図

(一) 煮だし法

カツオ節の使用量の適量は三~五パーセントとされていますが、経済的な観点からいえば三パーセントで十分といえます。薄く削ったカツオ節のうま味成分は、一分間程度で溶出するので、長時間の加熱は必要としません。大切なのは加熱温度で、沸騰直前の九〇度くらいに保つことが絶対条件です。沸騰させると異味(雑味)が増すだけでなく、脂肪球が液中に溶出して濁りが生じやすいからです。これは肉類を材料とするフランス料理のブイヨンや中華料理の湯(タン)にも通ずる原理といえます。

(二) 水だし法

水だし法(カツオ節量四パーセント)によると、水温二〇℃の時、うま味成分の浸出量は二〇時間で最高に達するというデータがあります。この水だしは、一〇℃(冷吸い物の適温)および六五℃(通常の汁物の適温)のいずれの温度で試飲しても、生臭さがなく、淡泊で、しかも清澄であるとの評価を得ています。

水だし法は煮だし法に比べて呈味成分の抽出に長時間を要するため、かならずしも実用的とはいえませんが、京料理のように繊細で品格の高い料理には、この水だしの技法を用いることが少なくないようです。

(三) 混合だし法

明治時代になっても、カツオ節単独の「だし」が多く用いられていました。さらに関東の料理屋では、大正時代の関東大震災のころまでは、ほとんどカツオ節だけが使われており、昭和三〇年代にはいっても、なお多くの家庭でカツオ節だけの「だし」が用いられていました。一方、京都や大阪では、すでに江戸末期には一部で混合だしが使われていたようです。素材の味を生かす「だし」に敏感な京・大阪の料理人は、コンブのグルタミン酸とカツオ節のイノシン酸の相乗効果により、混合だしの方が単独の「だし」よりもはるかにうま味の強い「だし」がとれることに、早期から気づいていたためと思われます。今日では、単に「だし」といえば混合だしというのが一般的になっています（**14章**および**16章**参照）。

5 「だし」以外の調理例

カツオ節は、「だし」以外にも薄く削った形状そのままで、あるいはそれを各種料理の材料としたり、常備菜にするなど、ひろく用いられています。

（一）天盛り

カツオ節は、盛り付けた料理の上に、見栄えよく少量あしらう天盛り用素材の一つとしてよく用いられます。カツオ節の風味が料理全体の味を引き立てるだけでなく、その外観が料理の付加価値を高め、食欲を増進させるからです。またカツオ節のイノシン酸には、うま味成分であるというだけでなく酸味や苦味をやわらげる働きがあることが明らかになっており、カツオ節の天盛りはまさにこうした性質を効果的に利用した例といえるでしょう。

主な例としては、若竹煮（**写真1**）、ふきの煮物、青菜のお浸し、きゅうりの酢物、冷奴、揚げだし豆腐、焼き茄子、ゴーヤチャンプル、雑煮、たこ焼き、お好み焼き、焼きそば、漬物などが挙げられます。

（二）カツオ節と一緒に加熱調理をおこなう例

カツオ節は、その性状から、さまざまな食材と組み合わせて煮物、焼き物、炒め物、蒸し物、揚げ物などの加熱調理に用いられます。その代表的な調理例が「土佐煮」（**写真2**）で、「土佐煮」とは、カツオ節が土佐名物であるところからきた名称ですが、食材にカツオ節を加えて一緒に加熱するこの調理法は、京都でも、筍、蕗、独活、蓮根、牛蒡などの比較的淡泊な味の野菜類をはじめ、こんにゃくや、魚介類、鶏肉などを主材料とした煮物などにもよく用いられます。煮物に限らず炒め物でも揚げ物でも、カツオ節と一緒に調理することで、カツオ節から浸出した濃厚なうま味成分が共存する他の食材にしっかりと染み込んで、より風味豊かな料理に仕上げることができるのです

(三) その他

(1) シンプルにカツオ節そのものを用いる場合

カツオ節の風味は飯や餅などの淡泊な味のものと相性がよいので、単に醤油で味付けしただけのカツオ節をおにぎりの具にしたり、白飯や焼いた餅の上に醤油で調味したカツオ節をのせ、熱い茶を注いで供したりします。

(2) 「カツオでんぶ」に調理加工して用いる場合

「カツオでんぶ」は、通常、ふりかけやおにぎりの具として使われます。このおいしくて便利な常備菜は、一般家庭でも二番だしをとった後のカツオ節を使って簡単につくることができます。白ごま、コンブ、ちりめんじゃこ、松の実などを細かく刻んで加

写真1　若竹煮

写真2　ふきの土佐煮

えれば、本格的な「カツオでんぶ」となります。本来ならば廃棄してしまう「だしがら」の再利用法として貴重なもので、こうした工夫にも、京の先人たちの知恵をうかがい知ることができます。

参考図書

若林良和：カツオの産業と文化、成山堂（二〇〇四）
坂口守彦：魚介類のエキス成分、恒星社厚生閣（一九八八）
福家眞也：かつおエキス：だしの成分と呈味性，日本人はなぜかつおを食べてきたのか、（財）味の素食の文化センター（二〇〇五）
熊倉功夫・伏木　亨（監修）：だしとは何か、アイ・ケイ・コーポレーション（二〇一二）
（株）にんべん：「にんべん」のかつお節レシピ、講談社（二〇一三）
河野一世：だしの秘密―みえてきた日本人の嗜好の原点―，建帛社（二〇〇九）
畑江敬子：かつおだしの呈味―調理学の立場から，日本人はなぜかつおぶしを食べてきたのか，（財）味の素食の文化センター（二〇〇五）
奥村彪生：料理をおいしくする仕掛け，農文協（二〇〇六）
遠藤金次・梶田武俊・木咲　弘・谷　喜雄・細見和子・松本　博：図解　食品加工学、医歯薬出版（二〇〇九）
大石圭一・田村祐子・村田喜一：カツオブシの品質 - I、日水誌、**25**、六三六 - 六三八（一九五九）
吉松藤子：だしの引き方の科学、そば・うどん、No.7、八二 - 八三（一九八〇）
武田たつ代・吉松藤子：鰹節のだし汁に関する研究（第1報―水だしについて―、日本調理科学会誌、**14**、五四（一九八〇）

16章　京料理と魚

仲田雅博

京料理は日本料理の基礎ともいわれるもので、京野菜など野菜類がその素材として一般によく知られていますが、魚介類もきわめて重要な素材だといえます。そこでこの章では京料理の歴史、特徴などのほかに、さまざまな魚介類のおいしさについても解説します。

1　京料理の歴史

京都は千年以上も都が置かれたことによって、これまでいろいろな食文化の流れが現在の京料理を作り上げました。初めにとり上げますのは有職料理《ゆうそくりょうり》で、これは宮中の食の文化の一つとして取り行われたものです。この料理は朝廷や武家の儀礼・行事・官職などの故実（儀式・作法・服装などのさだめ・ならわし）に従うという意味で、主に宮中での節会《せちえ》の料理として行われたものです。

大饗料理《だいきょうりょうり》は、平安貴族の宴会料理で、盛付けは現在神社の儀式でみられるように、高盛飯や他の菜もみなうずたかく盛りつけるなど、大陸風の盛りつけ方をしていました。つづいて、鎌倉時代になると、禅宗などや栄西禅師がもたらした緑茶文化や一切の肉食を禁じる仏教が発展するようになり、肉や魚、鳥などを用いない精進料理《しょうじんりょうり》が生まれ、これは美食の反対語であったともいわれています。

さらに、武家の文化から生まれた本膳料理《ほんぜんりょうり》は、料理の派手さに主眼がおかれ、料理のスタイルとしての婚礼料理として近年までその形が残されています。この料理では二汁五菜が定型となり、最大七の膳まで出されましたが、その中には五汁二八菜まで出された例もあるそうです。

次に、茶道の文化から懐石料理《かいせきりょうり》ができてきました。これは当時流行していた茶の湯とともに生まれた新しい料理で、お茶をおいしく飲むための料理として発展し、現在の一汁三菜の元とされています。料理の味そのものを愉しむ料理ともいえます。加えて、京都の町衆のおばんざいなどが融合し、よいものは残り、不要なものは淘汰され、現在の京料理の形が作り上げられました。

2　京料理の特徴

京都の料理が発展してきた理由は、ここが永く王城の地であり、地方からの献上品として、他の地方で取れた干物や農作物などの一級品が京都に入り、それを一流の料理人や生産者が、その質や技術をさらに高めたからだと考えます。

京都市は、東、北、西と三方を山で囲まれた盆地の中に位置し、東に鴨川、高瀬川、西に桂川の三本の川が流れています（**7章**参照）。さらに京都は、寒暑の差が激しい内陸性の気候にあり、豊富で良質の水と沖積土壌に恵まれたことで、上質な食材にも恵まれていたのです。その気候のおかげで京都市内では、素晴らしい調理技術とともに上質な野菜や特産の豆腐、湯葉、麸や白味噌が生まれ育ったのです。しかし、京都では質の高い野菜が採れましたが、海から遠く、盆地で囲まれていたために、人々の海の魚に対する憧れは、大変なものであったと想像できます。そのおかげで食材を大切にする精神が根づき、魚に対する憧れが、さまざまな工夫を生み出し、そこに知恵と「もったいない精神」が作用して、上質な塩干物が創り出されたものと考えます。そのような食材を使って調理人が京都の野菜と融合させ京料理のおいしさを創りだしたのです。

京都は北海道から北前船で上質な昆布が福井の港に入り、さらにカツオ節に出合い、同時に京都の上質な水から日本料理の基本ともいえる「だし」の文化が作り上げられたのだと思います。その融合がうま味を創出し、京都のおいしいうす味ができたのです。うす味とは水くさい味ではなく、味は薄いがうま味が効いていて、おいしい味のことをいいます。醤油を使うときは淡口を使います。その方が素材の色彩を変えずに、味をつけることができるからです。京料理でだし汁としてはコンブとカツオの合わせだしが基本で、素材としては、水と利尻コンブと削りカツオを用います。この京都風の合わせだし汁の取り方を記載いたします。

通常料理屋などで使用するのが一番だしで、すべての料理に使うことができます。

○材料

水（軟質） 硬度45～60程度……………2・2L
利尻コンブ ヒネ（1年以上寝かした物）……35g
削りカツオ（本枯れ節 薄削り）……………35g

○作り方

コンブは固く絞った布巾で、表面の汚れを拭きとり、鍋に分量の水を入れて、次にコンブを入れて、コンブが柔らかく戻るまでしばらくおいておきます。その鍋に火を強火で付けて、六〇℃程度になればば火を弱くして、この温度を一時間程度保ちます。その後（鍋の蓋はしないで）、再び強火にして、沸騰直前にコンブを静かに取り出し、アクを丁寧にすくい取ります。次に鍋にカツオ節を一度に入れて、沸騰しないように火を弱めて、カツオ節全体が熱湯につかれば、火を止めて、ザルにネルの布かペーパータオルを敷いて、静かに漉して仕上げます。この一番だしのでき上がりは、一・八～一・九リットル程度となりますが、これはだしを取る際の加熱による蒸発やコンブとカツオ節の水分吸収によるからです。

3　京料理における魚介類とは

京都は上質の野菜には恵まれてきましたが、それだけではおいしさや料理の華に欠けるのです。ここで華とは、やはり料理における彩りよい盛り付けだと考えます。きれいに（おいしそうに）盛り付けるとは、料理の盛り付けの基本である五色（赤・青・黄・白・黒）をいかに彩りよく配置して盛り付けるかによって、おいしさに大きく違いが出ます。そのためにも、色のコントラストのある魚介類は、おいしさを創り出す立役者となります。

また、味を創り出す五味（酸味・甘味・塩味・苦味・うま味）は、上質な魚と野菜の相性を考え味を融合させることで、相乗効果を作り上げます。つまり、一方だけでのおいしさでは味が完成しません、双方を合わせることによっておいしさは飛躍的に高まり、料理として完成されていくのです。

関西では、一般的に白身の魚が好かれ、関東では、赤身の魚が好かれる傾向があります。これは海流や地理的な条件もありますが、白身魚は京料理の原点となっている料理文化と京都の地で採れる野菜との相性が大変よく、この魚のうま味が野菜のおいしさと合致して、味を引き立てあうからです。特に、京都は海から遠いために、生の魚としては川魚かあるいは生命力の強いハモや塩干物、ひと塩ものなどが利用されます。料理のおいしさとは、動物性のうま味と植物性のうま味が合い重なることで、おいしさを作り上げます。また、川魚においては、コイ、フナ、アユ、ゴリ、モロコやカワエビなどは、川魚独特の臭みをもちますが、京の料理人はその臭みを消すような調理方法を考案し、食材に合った調味技術を作り出してきました。特に川魚の飴焚きや山椒煮、甘露煮などは保存食ともなり、京都の名物となっています。

4　タイ

一般にタイは会席料理において最もよく使われる魚でもあります。タイにもいろいろ種類がありますが、その中でもマダイは「タイの中のタイ」といわれ、また「腐ってもタイ」と評価が高いのです。関西ではマダイのことを本物のタイという意味から本ダイと呼ぶほどです。特に、目出度い（タイ）というように言葉でのゴロ合わせもあります。魚の扱い方については、長くよい状態が保てるように、市場や購入時に生簀などで〆て脊髄に針金を通し血抜きをして、八～一〇℃程度の温度で、速やかに料理屋や小売店に運ばれます。こうすると、〆てから八時間ぐらいは魚の鮮度が保たれ、身のうま味と歯ごたえをしっかり残し、最もおいしい状態に仕上げることができます。

また、タイは作りの他に、煮ても、焼いても、蒸しても、揚げても大変おいしい食材で、料理人にとっては、きわめて使いやすい食材でもあります（**口絵写真16・1**）。近年は、養殖技術も発達してきてはいますが、やはり天然物のタイは、余分な脂肪もなく、香りやうま味は養殖鯛と違い大変おいしいものです。マダイの旬は春と秋の年に二回あるとされます。産卵期を控えた春先、体色が鮮明な桜色に変わり、その時期がちょうど桜の咲く頃でもあることから桜ダイもしくは花見ダイとも呼びます。この産卵期の前に、栄養を一番蓄えている二月後半から四月ごろまでの春先がおいしいことから、この時期がマダイの「春の旬」なのです。四月後半の産卵期を終えて八月末までの間は産卵のために体力を使いきってしまうため、身はやせ、脂も抜けてしまっておいしくないのです。この時期のマダイを夏の麦に例えて麦わらダイといいますが、評価も低くおいしくないのです。やがて九月中旬に入ると餌を食べて体に栄養も届き、身質は一一月頃までよいとされて、この時期が「秋の旬」となっているのです。

5 ハモ

ハモは京都にとってはなくてはならない、海からの恵みだと感じます。ハモは、釣り上げた後も少量の水さえあれば、一〜二日は生きる非常に生命力の強い魚でもあります。しかし、小骨が多く他の地域では敬遠される魚でもあります（**4章**参照）。海沿いの地方では使われても、蒲鉾などの材料にすぎませんでしたが、京都で骨切という技術が確立されたことで、その食材の味の素晴らしさや、いろいろな料理に合う使い勝手のよい魚として、一般に重宝されています。京都では六月の梅雨時分から、「つ」の字のハモといって脂も乗りおいしくなり、七月には祇園祭（通称はも祭り）ともいうように、はも料理が京都の各お料理屋では必ず出るぐらいです。京都においては、ハモは秋のハモ鍋まで使われる食材で吸い物、煮物、揚げ物、焼き物、蒸し物、鍋ものまで、何にでもおいしく頂ける最高の食材となっています（**口絵写真16・2**）。また、秋の定番のハモを使った料理として、土瓶蒸しといわれ吸い物の替わりに出す料理があります。調理の内容は、一番出しに淡口醤油と塩で調味したものを土瓶に入れ、中にハモの落としとマッタケ、三つ葉を入れて、しばらく火に掛け、スダチを絞り入れて頂きます。店によっては、車海老や季節の「ぎんなん」なども入れて出されることがあります。

6　アマダイ

アマダイは以前から日本海の若狭湾で獲れており、若狭ぐじといわれています（**3章**参照）。浜で塩をされたものが高級品として、京都の料理店や小売店に若狭ぐじといわれて入荷されてきました。アマダイの鮮度は低下が早く、漁師は手で魚にさわると速く傷んでしまうので、一本釣りで釣り上げるときこの魚に手がふれないように注意をするほどだといいます。また、アマダイの身肉には水分が多く、肉質は非常に柔らかいのですが、塩をすることによって身肉の水分を適度に抜き、うま味を引き出す技術が創り出されました。これは若狭ぐじに代表される魚に応用され、浜塩の技術といわれています。日本海で獲れたアマダイは鮮度を保つために水揚げ後すぐに背割りにして塩をし、京都に直送されます。新鮮なものであれば、コンブ締めの作りがおいしく、焼き物やかぶら蒸し、煎りだしなども季節には最高の食材となっています（**写真1**）。

写真1　蒸し物 - 甘鯛のかぶら蒸し銀あんかけ（アマダイ、かぶら、ぎんなん、ゆり根、きくらげ、三つ葉、おろし山葵など）

7 サバ

京都の庶民の祭りにはサバは欠かせません。京都には他の魚と同じように、昔は日本海で漁獲されたサバ（マサバ）に浜で塩をして、山を越えて鯖街道を通って運ばれてきたのです（**1章参照**）。鯖街道は、京都の出町柳が最終地点となりますが、その街道筋でもサバずしとして作られ売られています。京都には春と秋の神社などの地域での祭りがあり、その時のご馳走として各家庭ではサバずしを作って、親戚一同が集まり、一年間の出来事や親交を深める食べものでした。現在では、交通の便もよくなり、鮮度保持の技術も発達したので新鮮な生サバが容易に手に入るようになり、すしだけでなく、味噌煮や生姜煮、また、焼きものにしてもおいしくいただける状況になっています。

8　カマス

カマスは秋になると、焼き物として京料理を飾る一品となります。秋のカマスは脂も乗り、うま味もあります。特にその時期には、青柚子や少し黄色味帯びた香りのよい柚子がとれ、調味液と合わせ「カマス柚庵焼」や「カマス味噌柚庵焼」といわれる香りとうま味が大変よい、焼き物料理となります。さらに、細長いカマスの体形から、焼き方が両妻焼きか片妻焼となり、出来上がりの姿に変化が付けられ、盛り付けにも高低が付けられ、見た目のよい料理となります。

9　干し棒ダラ

干し棒ダラは一年中利用することができますが、最もおいしいのは、一二月からの寒い時期で、京都の海老芋と一緒に炊くと相性もよく（**13章**参照）、大変おいしくいただけます。この「芋と棒ダラのたいたん」は、京都では家庭の正月のおせち料理にも欠かせないものともなっています。海から遠い京都では、乾物を戻す技術やおいしくする技術が発達し、京料理の発展に大きく寄与しています。

10　身欠きニシン

身欠きニシンは年中利用できる食材です。最近では、ニシンのエラや内臓を取り除き、三枚に卸して腹付きのまま加工しています。身欠きニシンには、天日や火力乾燥させた本干しと、半乾燥させて冷凍する生干しとがあります。本干しは米のとぎ汁に漬けて戻してから調味します（**11章**参照）。ニシンは、以前は大量に獲れたので保存のために浜で乾物として作られ、また、ニシンそのものも小骨が多い魚で、一度乾燥させた後に煮ることで、小骨もあまり苦にならずに食べることができるのです。固い身欠きニシンを上手に戻してあの独特のおいしい味を創り出したのは京都の料理人だと考えます。正月には日高コンブで巻いた、コンブ巻が定番でおせち料理にもよく入れられます。さらに、夏の定番料理として「ニシンと茄子のたいたん」（にしん茄子）が有名で、冷めてもおいしく頂けます。北の海で大量に獲れたニシンの一部は、肥料に回されたそうです。それを京の先人達は知恵をはたらかせて、かくもおいしい逸品に仕立てあげたのです。

11 アユ

京都は初めに述べたように河川が多く、その上流の川にはおいしいアユが獲れます（**7章**参照）。京都のアユは他の府県より小ぶりではありますが、岩場が多い川に棲んでいるので泥臭みもなく、おいしいといわれています。アユは河川の上流の小石の多い場所で産卵し、稚魚は下流に流れ、春になると遡上し、細い河川で成長して、縄張りをもって育ちます。また、アユは「年魚」といわれたり「香魚」ともいわれ、食べると清涼感のする香りを放つのが特徴です。特に京都近辺の川ではサイズがあまり大きくなく香りのよいアユが獲れます。

アユは刺身（背越し）よりも、姿焼きしたものを蓼酢で頭から食べるのが京都の夏の定番にもなっています。さらに、秋になると子をもったアユが手に入ります。形の小さい物は子持ちで焼いてもおいしく、少し大きくなれば、子持ち鮎の甘露煮や有馬煮（山椒煮）として、おいしくいただけます。

12 いわし干し・半干しの開きさんま・開きあじ

京都には一塩ものとして、目刺といわれるカタクチイワシの干したものがあります。目刺は取れたカタクチイワシに藁を通して浜で一昼夜乾したものです。他にもサンマを開いて干したもの、アジの開いて干したものも一夜干しとして京都市内に多く出回っています。干すことによって日持ちがよくなり、うま味が濃縮されておいしさを増します。さらに、笹カレイといわれる高級な干しものも京都には入ってまいります。風味は浜によって色々と変わりますが、コンロや火鉢で両面を焼いて温かいうちに食べると濃い香りやうま味が口の中に広がります。これは、日本の主食といわれるご飯に大変よく合い、日本の朝食の定番の料理となっています。

このように交通の便が悪かった時代は、京都にはハモ以外に海で獲れる生魚がほとんど手に入らなかったので、おいしく食べるためのいろいろな知恵が発達し、現在の京料理を作り上げたのでしょう。

参考図書

学校法人　大和学園：日本料理理論（二〇〇四）

宮川清光：おおきにごっつぉさん 京の心　食文化、京都中央信用金庫（一九九〇）

原田信男：和食とはなにか―旨味の文化をさぐる、角川文庫（二〇一四）

下村道子：和食の魚料理のおいしさを探る、成山堂（二〇一四）

おわりに

　本書の内容の一部はすでに二〇〇八年から雑誌「おいしさの科学」（食品研究社）に「京の魚―おいしさの秘密をさぐる」と題して掲載され、その後「ノスティモ　おいしさの科学シリーズ」（エヌ・ティー・エス）に二〇一二年まで掲載されたものであります。さらに、この間に執筆者が集い、同じタイトルで座談会（二〇一一年）を開催しました。本書ではこれらの内容の充実をはかり、さらにいくつか項目（章）を追加して京の魚のおいしさを明らかにしようとしました。

　本書でとり上げられている京の魚には、庶民の「魚」と貴族の宮廷料理を起源にもつ「魚」ははっきりと違ったものがあるように見うけられます。前者のなかには庶民の日々のつつましい生活のうえに、工夫と「もったいない」精神の積み上げをみることができます。さらに、こうした庶民の「魚」は何代にもわたって食べ続けられてきたものであるだけに、安全・安心という情報がたっぷり含まれています。それに、ひとたび京都を訪れてそれらを口にしたことのあるひと、あるいは幼年期にこの地に住まったことのあるひと、などにとってかぎりなく懐かしい記憶を呼び覚ますものでありましょう。

　一方の宮廷起源の方は、明らかに華やかな側面をもっていて庶民には近寄りがたい品格のようなものが漂い、そこには一種の芸術性が認められます。すなわち明らかに日常生活とは次元の違う、別世界を見ることができます。日ごろ、われわれは目から知る絵画や耳から覚える音楽には芸術性を与えますが、あまりにも日常的であるがゆえに、口から情報を得る料理には芸術性を認めたがりません。近年、京料理を起源とする和食が世界文化遺産に登録されたことによって、これまで日本人が気づかなかったところ＝芸術性がひろく認められるようになることを切に望みます。

残念なことに世界の漁業資源は確実に枯渇の道を歩んでいるようです。これは地球温暖化だけではなく、近年の乱獲に原因があるといわれています。本書で繰り返し述べられているように、これまで京の先人たちが実際に示したような知恵と工夫をこらしながら、今後はこうした危機に対処していかなければならないとおもいます。

本書では、「京の魚」に関係する魚介類やスッポン、クジラ、コンブなどもとり上げましたが、この他にまだ多くのものが残っています。たとえば甲殻類のエビ、カニ、軟体類（貝類やイカ、タコなど）、藻類（ノリ、ワカメなど）がそれらに相当します。また別な機会を得てこれらにも触れてみたいとおもいます。

本書出版にあたって、㈱恒星社厚生閣の小浴正博氏には多大なご協力をたまわりました。ここに厚く御礼申し上げます。

坂口守彦

索 引

ま行

や行

ら行

わ行

た行

な行

は行

再発見《さいはっけん》 京《きょう》の魚《さかな》 —おいしさの秘密《ひみつ》

京《きょう》の魚《さかな》の研究会《けんきゅうかい》 著

2017年2月28日　初版1刷発行

発行者　片岡　一成
印刷・製本　株式会社ディグ
発行所　株式会社恒星社厚生閣
〒160-0008　東京都新宿区三栄町8
TEL　03(3359)7371(代)　FAX　03(3359)7375
http://www.kouseisha.com/

ISBN978-4-7699-1598-0 C0077
(定価はカバーに表示)

好評発売中

魚のあんな話、こんな食べ方

臼井一茂 著

A 5判／ 184頁／オールカラー
定価（本体2,300円+税）

書名は「魚の」ですが、魚に限らず貝類、カニ類、イカ・タコ類、ナマコ・ウニ、海草類から81種を取り上げ、大衆魚、お祝い・高級魚、季節の魚などに分類し、面白い生態や名前の由来、また調理のコツや美味しい食べ方、調味料に関する蘊蓄等、魚と料理に関する面白い話が満載。砂に潜って冬眠する魚は？　イカとタコの吸盤の違いは？　青魚の刺身には山葵？生姜？　えっ！くさやと赤ワインが合うの？　というように、調理講習会も開く著者の貴重な経験も披露。神奈川新聞で好評連載されたコラムに加筆し出版。全頁カラーで食育の読み物として楽しめます。ちょっと魚博士になれて、美味しい食べ方が分かりますよ。

続 魚のあんな話、こんな食べ方

臼井一茂 著

A 5判／ 160頁／オールカラー
定価（本体1,800円+税）

前巻と同様に、72種に及ぶ魚介類のおもしろい生態と調理法を紹介。門歯、犬歯、臼歯をもつ魚は？　パッチンてどんな生き物？　口の中で卵をかえす魚は？　ヒダリマキ、ミギマキって何？　と不思議な話ばかりでなく、今回は管理栄養士さんなどの季節の魚と野菜を使った創作料理を10種紹介！　さて、どんな料理でしょうか。じっくり愉しんで下さい。そして味わい、飲んで下さい。著者は神奈川県水産技術センター勤務。著書に、『遊び尽くし　塩辛づくり隠し技』、『遊び尽くし　貝料理あれもこれも』（創森社）など多数。